Heinrich Lammasch

Das Recht der Auslieferung wegen politischer Verbrechen

Heinrich Lammasch

Das Recht der Auslieferung wegen politischer Verbrechen

ISBN/EAN: 9783743698567

Hergestellt in Europa, USA, Kanada, Australien, Japan

Cover: Foto ©Suzi / pixelio.de

Weitere Bücher finden Sie auf **www.hansebooks.com**

Das
Recht der Auslieferung

wegen

politischer Verbrechen

von

Dr. Heinrich Lammasch
a. o. Professor der Rechte an der Wiener Universität.

Wien, 1884.

Manz'sche k. k. Hof-Verlags- und Universitäts-Buchhandlung.

I.
Gründe für die Ausnahmsstellung der politischen Delicte im internationalen Rechte.

Unter den Fragen des Strafrechtes und des Völkerrechtes, welche in Folge einer Reihe von beklagenswerthen Ereignissen der letzten Jahre in den Vordergrund der Discussion getreten sind, steht als eine jener, welche die Gemüther am leidenschaftlichsten erregt, die Frage obenan, ob der Staat, in welchen sich Jemand, der im Auslande ein politisches Delict gegen einen fremden Staat verübt hat, flüchtet, verpflichtet sei, diesen Flüchtling im Inlande zu verfolgen und zu bestrafen oder ihn an den von ihm angegriffenen Staat zu überliefern.

Wer sich nicht schon von vornherein die richtige Beantwortung dieser Frage unmöglich machen will, muss vor Allem zwei denkbare Arten der Auffassung des politischen Verbrechens gegen fremde Staaten von sich abweisen. Ein Blick auf die Literatur zeigt, dass es nicht, wie man vielleicht erwarten würde, überflüssig ist, vor der Idealisirung des politischen Verbrechens und der politischen Verbrecher als solcher zu warnen. Zwar wird Niemand leugnen, dass es unter den Männern, die als politische Verbrecher verurtheilt worden sind, Charaktere von unübertroffener Reinheit und Hoheit gegeben hat, welche in selbstloser Hingebung sich und die Ihrigen für das Wohl ihrer Mitbürger geopfert haben; aber neben diesen Märtyrern des Strafrechtes stehen in ihren Reihen wohl ebensoviele Schurken, die in gewissenloser Selbstsucht das Wohl von Tausenden ihren ehr- oder habsüchtigen Bestrebungen preisgegeben haben.

Die Sonderstellung der politischen Delicte im internationalen Rechte darf also nicht auf die Präsumtion zurückgeführt werden, dass der That des politischen Verbrechers im Gegensatze zu der des gemeinen das Merkmal des Unsittlichen und Ehrenrührigen nicht anhafte. Denn, weder ist das politische Verbrechen immer oder auch nur regelmässig eine sittliche und ehrenhafte That, noch genügt es, dass ein Verbrechen nichts Ehrenrühriges in sich enthalte, um demselben im internationalen Strafrechte eine exceptionelle Behandlung angedeihen zu lassen. Wird doch, wenn es sich um nicht politische Delicte handelt, die Auslieferung des Urhebers eines Verbrechens nicht deshalb verweigert werden können, weil dessen That im concreten Falle auf einem nicht ehrenrührigen, vielleicht sogar auf einem sittlich zu billigenden Motive beruhte.

Ein anderer falscher Ausgangspunkt für die uns beschäftigende Untersuchung wäre es, ganz allgemein anzunehmen, dass die Art, wie die politische Macht in einem Staate vertheilt, wie die Verfassung desselben geordnet sei, einen andern Staat garnichts angehe, dass wir also an der Erhaltung der in einem gegebenen Momente in einem fremden Staate bestehenden Machtvertheilung gar kein Interesse und daher auch gar keinen Beruf hätten, einem Versuche, diese Machtvertheilung auf nicht verfassungsmässigem Wege zu ändern, entgegen zu treten.[1]

Allerdings scheint zunächst einiges für eine solche Auffassung der Sachlage zu sprechen. Wir wollen hierbei von jenen Staaten ganz absehen, in welchen etwa die Individuen und Gesellschaftsclassen, welche je nach der betreffenden Verfassung im Besitze der Uebermacht im Staate sich befinden, diese ihre Macht nicht zum Wohle der Gesammtheit, sondern ausschliesslich zu ihren eigenen Sondervortheilen ausnützen, denn es ist selbstverständlich, dass unter dieser Voraussetzung die Regierung eines fremden Staates nicht verpflichtet ist, die eigensüchtigen Be-

---

[1] Ich bin bei Besprechung dieser Frage genöthigt, auf einige Erörterungen zurückzugreifen, welche ich über dieselbe bereits in meiner Abhandlung „Ueber politische Verbrechen gegen fremde Staaten" in der Zeitschrift für die gesammte Strafrechtswissenschaft. 1883, III, S. 376 ff. veröffentlicht habe.

strebungen dieser herrschenden Individuen oder Classen zu unterstützen und etwa noch zur Verfolgung derjenigen beizutragen, welche, durch Auflehnung gegen einen solchen Missbrauch der Herrschaft, berechtigte Interessen zu schützen versuchen.

Insbesondere wird Niemand eine derartige Verpflichtung behaupten wollen, wenn unter jener auswärtigen Missregierung etwa auch unsere eigenen Mitbürger leiden, die sich in jenem Lande niedergelassen haben oder mit demselben in irgend welche Beziehungen getreten sind.

Aber auch von extremen Fällen dieser Art abgesehen, wird ein vorurtheilsfreier Kenner der Weltgeschichte nicht leugnen, dass für die Entwickelung manches Volkes Revolutionen und Reactionen die Ausgangspunkte neuen Lebens geworden sind.

Man versuche es nur einmal, aus der Geschichte irgend eines Volkes alle gelungenen und auch alle misslungenen politischen Delicte, mögen sie von der Regierung selbst oder von einer Opposition gegen sie ausgegangen sein, hinwegzudenken und man wird sofort inne werden, dass man damit unzählige ursachliche Factoren derjenigen Zustände hinweggedacht hätte, welche wir in den heutigen Verhältnissen des betreffenden Staates als die wichtigsten und vielleicht werthvollsten erkennen.

Jene vorurtheilsfreie Auffassung, welche an Ort und Stelle in dem einen Falle den Regierenden, in dem andern den Regierten versagt ist, ermöglicht mitunter wie die zeitliche, so auch die örtliche Entfernung. Sie mag, wie sie in späterer Zeit dem Geschichtschreiber möglich ist, auch dem mitlebenden Lenker der Geschicke eines anderen Staates zugänglich sein. Deshalb darf dieser nicht durch ein Gesetz gebunden sein, eine Entwickelung, welche er mit weitschauendem Blicke als eine segensreiche erkennt, durch Bestrafung ihrer Vorkämpfer unterdrücken zu helfen. Man darf eben nie vergessen, dass, so paradox dies auch Manchem scheinen mag, das Strafrecht eines der Mittel zur Verringerung der Leiden der Menschheit ist. Wo die Strafe ihren Zweck: durch das Leiden Weniger dem Leiden Vieler vorzubeugen, nicht mit Sicherheit erreichen würde, darf von Strafe überhaupt nicht die Rede sein. Deshalb kann Strafe eine That nicht treffen, von welcher es zweifelhaft ist, ob sie nicht etwa selbst das unter den concreten Umständen geeignetste Mittel zur Verminderung des Leidens der Menschen ist. Nun reicht aber bei Thaten, die um eines politischen Zweckes willen unternommen werden, jene Reihe von Wirkungen, die man in Betracht ziehen muss, um sie als schädliche oder als nützliche zu erkennen, ungleich weiter, als bei Thaten zur Förderung privater Interessen. Um zu beurtheilen, ob eine politische That ein politisches Delict sei, wird man also nicht bloss auf ihre nächsten, sondern auch auf ihre entfernteren Wirkungen Acht haben müssen. Diese vorherzusehen, ist aber oft von äusserster Schwierigkeit. Im Zweifel wird auch hier der Unbetheiligte die That für straflos halten. Denjenigen freilich, welche unmittelbar von der politischen Gewaltthat betroffen werden, fehlt die Ruhe zu objectiver, historischer Betrachtung derselben.

Die in ihrer politischen Macht bedrohte Partei wird daher einen anderen Begriff des politischen Verbrechens aufstellen. Sie wird nicht auch auf die entfernteren, sondern nur auf die unmittelbaren Folgen der That sehen und wird jedes gewaltsame Unternehmen, sie aus ihrer bevorrechteten Stellung zu verdrängen, als politisches Verbrechen behandeln. Bis zu einer gewissen Gränze ist dies auch recht und gut. Denn, wäre dies nicht der Fall, so würden Neuerungen ihre Existenzberechtigung nicht erst an dem Widerstande, der ihnen geleistet wird, zu erproben haben, und es würde die stetige Entwickelung der Geschichte der Völker noch häufiger, als es ohnedies geschieht, durch Experimente unfähiger Weltbeglücker gestört.

Wenn nicht etwa in besonderen Verhältnissen ein unmittelbares Interesse an der Erhaltung der bestehenden Vertheilung politischer Macht in einem fremden Staate begründet ist, mögen die angedeuteten Zweifel über die Folgen jeder grösseren politischen Action die unbetheiligten Staaten abhalten, Angriffe gegen diese Machtvertheilung auch ihrerseits dem Strafgesetze zu unterwerfen.

So ist es heutzutage denn auch allgemein anerkannt, dass, ebenso wie die Staaten befugt sind, den Streit anderer Mächte untereinander gewähren zu lassen, ohne dass sie verpflichtet wären, zu Gunsten derjenigen zu interveniren, die ihres Erachtens im Rechte ist, sie auch berechtigt sind, gegenüber den Factionen, die in einem Bürgerkriege im Auslande einander entgegenstehen, sich des Urtheils, welche der streitende Parteien im Rechte sei, oder doch wenigstens jeder auf dieses Urtheil gegründeten Action zu enthalten. Die entgegengesetzten Principien der Interventionspolitik der heiligen Allianz gehören nur mehr der Geschichte an.

Vom Standpunkte des modernen Völkerrechtes aus kann eine Verpflichtung der Staaten, Individuen, die an einem hochverrätherischen Unternehmen gegen einen fremden Staat sich betheiligt haben, wegen dieser Betheiligung selbst oder wegen der im Verlaufe derselben von ihnen individuell verübten Gewaltthaten zu bestrafen oder auszuliefern, wenigstens dann nicht behauptet werden, wenn die betreffende hochverrätherische Bewegung den Charakter einer historischen Action, eines Bürgerkrieges angenommen hat. Steht es doch jedem Staate zu, die Aufständischen als kriegführende Macht anzuerkennen, wodurch das Strafrecht dieses Staates, wenn es auch sonst begründet wäre, die Anwendbarkeit auf ihre kriegerischen Actionen verliert.

Aber auch aus dem Gesichtspunkte des Strafrechtes würden sich schwere Bedenken dagegen erheben, wenn ein Staat ganz im Allgemeinen politische Verbrechen gegen einen fremden Staat mit Strafe bedrohen wollte. Die Thatbestandsmerkmale der sogenannten politischen Delicte sind nämlich fast durchaus nur in formaler Beziehung bezeichnet. Wie der Hochverrath, abgesehen von dem später zu besprechenden Falle directen Angriffes gegen die Souveräne, in dem Bestreben, die Verfassung eines Staates umzustürzen oder den Territorialbestand desselben zu schmälern besteht, so sind auch die übrigen politischen Delicte, was das Angriffsobject derselben betrifft, in ähnlicher blankettartiger Weise bezeichnet. Dieselbe Formel des Strafgesetzes bedeutet also nach Verschiedenheit der von ihr geschützten Staatsverfassung verschiedenes. Instructiv ist z. B. in dieser Beziehung die Geschichte des Art. 87 Code pénal. Weit wichtiger als die Modificationen, welche der Wortlaut desselben seit 1810 erfahren hat, sind die Modificationen, welche sein Inhalt dadurch erfuhr, dass unter der Regierungsform, gegen welche er einen Angriff für strafbar erklärt, zuerst die des ersten Kaiserthums, dann die der Restauration von 1814, dann die der hundert Tage, dann die der Restauration von 1815, später die des Bürgerkönigthums, und nach diesem jene der Republik von 1848, und wiederum im Wechsel der Geschicke die des zweiten Kaiserthums und der dritten Republik in ihren verschiedenen Verfassungsstadien zu verstehen war. Wenn schon in demselben Staate **Wesen und Inhalt des politischen Verbrechens** in einem verhältnismässig kurzen Zeitraume so mannigfachen Wandlungen unterworfen ist, während nur die **äussere Form desselben:** Angriff gegen das zur Zeit Bestehende, unverändert bleibt, so gilt dies in noch höherem Maasse von politischen Verbrechen in verschiedenen Staaten. Der Gesetzgeber, der eine Strafdrohung gegen Angriffe auf die Verfassung fremder Staaten statuirte, würde damit ein Blankett ausstellen, dessen Ausfüllung er den fremden Staaten überliesse. Was immer diese als ihre Verfassung wollten oder ertrügen, würde er seinerseits zu schützen sich bereit erklären. Mit Rücksicht auf die Verschiedenheit des im Inlande und des im Auslande geltenden öffentlichen Rechtes mag es in Deutschland ein Verbrechen sein, das **bewirken zu wollen, was in England oder in Belgien verhindern zu wollen, Verbrechen** wäre und ebenso umgekehrt. Ein Gesetzgeber, der die Verfassung aller Staaten — ich spreche nur von „civilisirten" Staaten — unter die schützenden Fittiche seines Strafgesetzes aufnimmt, beschützt damit, **er weiss nicht was,** und verpflichtet sich, **er weiss nicht was,** zu bestrafen. Zu diesen völkerrechtlichen und strafrechtlichen Bedenken gegen die Verfolgung der politischen Delicte gegen fremde Staaten gesellen sich aber auch noch processrechtliche. Wir dürfen der ungeheuren, fast übermenschlichen Schwierigkeit nicht vergessen, welcher es unterliegt, alle für ein gerechtes Urtheil über eine politische Action entscheidenden thatsächlichen und rechtlichen Momente zu überschauen: festzustellen, auf welche Individuen die Ereignisse als auf ihre Urheber zurückzuführen sind; abzugränzen, was von den handelnden Personen beabsichtigt war oder auch nur von ihnen vorhergeschen werden konnte, und was wider ihr Wissen und Wollen als mittelbare Wirkung ihres Verhaltens entstanden ist; zu unterscheiden, bis wie weit die in einer grossen politischen Bewegung handelnden Personen mit dem vom Strafrecht zur Zurechnung einer Handlung geforderten Maasse von Freiheit der Entschliessung thätig waren und wo jener unwiderstehliche Zwang begann, unter dessen Banne so oft diejenigen leben, welche für den oberflächlichen Beobachter die Führer einer politischen Bewegung zu sein scheinen: und wir werden dann vollends an der Möglichkeit verzweifeln, dass Aussenstehende einer Anklage wegen politischen Verbrechens gerecht werden können.

Wenn es einem Historiker, der alle Archive Europas durchforscht hat, auch heute nicht möglich ist, zu einem zuverlässigen Urtheile über die Schuld oder Nichtschuld Wallensteins zu gelangen, welches Vertrauen hätte man in die Gerechtigkeit eines Schuldspruches setzen können, den ein vom Kaiser eingesetztes Gericht auf Grund der von der Anklage vorgeführten Beweismittel hätte fällen können?

Aber trotz all' dieser Schwierigkeiten, welche einer gerechten Entscheidung der Anklagen wegen politischer Delicte entgegenstehen, wird der Begriff des politischen Delictes aus der Weltgeschichte nicht schwinden. In manchen Epochen ist die Weltgeschichte selbst nichts anderes als die Geschichte der politischen Delicte dieser Zeit.

Keine Regierung kann auf das Recht verzichten, gewisse besonders gefahrdrohende Angriffe gegen ihren Bestand mit Gewalt abzuwehren und diese Gewalt schon von vornherein anzudrohen.

Unter Umständen ist aber auch die Regierung des einen Staates genöthigt, Angriffe gegen die politische Ordnung eines anderen mit Strafe zu bedrohen.

Ich habe bereits in der oben angeführten Abhandlung die Frage nach der Berechtigung von Strafdrohungen wider politische Verbrechen gegen fremde Staaten für den Fall untersucht, dass die betreffende That im Gebiete jenes Staates verübt worden wäre, dessen Beruf zur Ausübung der Strafgerichtsbarkeit in

Frage steht und bin in dieser Untersuchung zu dem Ergebnisse gelangt, die Strafbarkeit solcher Angriffe für diesen Fall — den der Verübung des betreffenden Angriffes im Inlande — in weitem Umfange als eine Forderung des Rechtes und der Politik zu statuiren.

Insbesondere haben zwei Gründe mich zu dieser Annahme bestimmt.

Zuerst die Rücksicht auf die Gemeingefährlichkeit dieser Delicte.

Bei der heutigen Entwickelung des internationalen Verkehres sind die Angehörigen eines jeden Staates in vielfachen Beziehungen an der Erhaltung der Ordnung auch in fremden Staaten betheiligt. In wie vielen Fällen sind nicht Bürger eines Staates an den Staatsfinanzen und an dem Nationalwohlstande eines andern aufs lebhafteste interessirt; wie viele unserer Bürger befinden sich nicht dauernd oder vorübergehend im Auslande, haben daselbst bewegliche oder unbewegliche Güter, stehen in den mannigfachsten geschäftlichen Beziehungen zum Auslande! Heinze hat mit vollem Rechte gesagt, wenn es ein gemeingefährliches Verbrechen gibt, so ist dies der verbrecherische Angriff auf Existenz und Integrität (und wir können wohl in seinem Sinne hinzufügen: auf die Verfassung) des Staates (Goltdammer's Archiv f. preussisches Strafrecht XVII. S. 746). Ein gemeingefährliches Verbrechen, d. h. ein Verbrechen, mit dessen Thatbestand das schrankenlose Umsichgreifen des betreffenden Schadens als eine mögliche, nicht als eine nothwendige Folge verknüpft ist. Wie der Brandstifter nur das Haus seines Feindes einäschern will und dabei eine ganze Stadt in Gefahr bringt, so gefährdet der Hochverräther, der etwa die Thronfolge in einem bestimmten Staate ändern oder den König zwingen will, auf die eine oder die andere seiner bisherigen Prärogative zum Vortheile eines Parlamentes zu verzichten, durch sein Unternehmen die Sicherheit von Leben, Gesundheit und Vermögen derjenigen, die in einem daraus erwachsenden Bürgerkriege zu Grunde gehen mögen. Der mögliche und auch vorhersehbare Erfolg eines Hochverrathes geht also weit über die Absicht seines Urhebers hinaus. Je nachdem man den Hochverrath nach jenen Erfolgen beurtheilt, welche sein Urheber bezweckt oder nach jenen, welche er nicht bezweckt, welche er lieber vermeiden möchte, die er aber dennoch mit oder ohne Voraussicht, jedenfalls gegen seinen Wunsch herbeiführt[1]), wird die Beurtheilung desselben vom Standpunkte eines auswärtigen Staates ganz verschieden ausfallen. An der Aufrechterhaltung jener Rechte einzelner, welche der Hochverräther zerstören will, hat zwar ein fremder Staat, wie wir gesehen haben, kein in allen Wechselfällen der inneren und äusseren Politik gleichmässig bestehendes Interesse, und er kann daher Angriffe auf diese Rechte als solche nicht unter Strafdrohung stellen, da er sonst möglicherweise seine eigenen Interessen, die der Erhaltung dieser Rechte im Auslande widerstreiten mögen, schädigen würde. Wohl aber hat jeder Staat an der Erhaltung des Friedens, der Ruhe und der Ordnung aller anderen Staaten, mit welchen seine Angehörigen in geschäftlichem Verkehre stehen oder in welchen sich einzelne seiner Angehörigen befinden, ein eminentes Interesse. Als **gemeingefährliches** Verbrechen betrachtet, schädigt also der Hochverrath gegen einen Staat auch die andern. Sofern er also **wirklich** gemeingefährlich ist, sind auch fremde Staaten berufen, ihn zu bekämpfen. Indem sie dies thun, fassen sie ihn aber der Hauptsache nach als ein **culposes Delict gegen ökonomische Interessen ihrer Angehörigen** auf.

Noch ein anderer Umstand aber wird die Gesetzgeber der einzelnen Staaten bestimmen müssen, eine Strafe auf von ihrem Gebiete aus verübte Angriffe auf die politische Ordnung fremder Staaten zu drohen. Sie werden sich vergegenwärtigen müssen, dass, wenn sie dies nicht thun, der fremde von ihrem Gebiet aus angegriffene Staat alles mögliche aufbieten muss, um denjenigen, der ihn aus sicherem Hinterhalte angreift, in seine Macht zu bekommen. Eine Regierung, welche von den anderen die Respectirung ihres Gebietes fordert und es daher diesen verwehrt, denjenigen,

---

[1]) Würde er auch diese Erfolge begehren, so würde in seiner That mit dem Hochverrathe Mord, Brandstiftung, Raub oder ein sonstiges gemeines Verbrechen realiter oder idealiter concurriren.

der von ihrem Territorium aus die Ordnung anderer Staaten zu zerstören sucht, auf diesem Territorium aufzugreifen, muss diesen anderen Staaten selbst Schutz gegen solche hinterlistige Angriffe gewähren. Strafdrohung gegen dieselben ist also die Bedingung, unter welcher sie allein von anderen Staaten die Achtung der Unverletzlichkeit ihres Staatsgebietes fordern kann.

Die gegenwärtige Schrift soll nun, im Anschlusse an den erwähnten Aufsatz, die andere Frage erörtern, ob ein Staat berechtigt und verpflichtet sei, zur Verfolgung politischer Verbrechen gegen fremde Staaten auch dann mitzuwirken, wenn die betreffenden Thaten ausserhalb seines Staatsgebietes, also auf dem Territorium des angegriffenen Staates oder auf dem einer dritten Macht, verübt worden sind.[1])

---

[1]) Die bisherige Literatur beschäftigt sich nahezu ausschliesslich mit der Frage der Auslieferung und übergeht die nach der Verfolgung und Bestrafung im Inlande. Der Controverse über die Auslieferung wegen politischer Delicte sind insbesondere gewidmet die folgenden Abhandlungen: Coninck-Liefsting, Mémoire sur le principe: pas d'extradition pour les délits politiques, La Haye 1875; Teichmann, Les délits politiques, le régicide et l'extradition, in der Revue de droit international XI. 1879, p. 475 ff.; L. Renault, Des crimes politiques en matière d'extradition, S.-A. aus dem Journal de droit international privé 1880; Brusa, Del delitto politico in rapporto con l'estradizione im Annuario delle scienze giuridiche, sociali e politiche, II. Milano 1881. p. 87 ff.; Hoseus, Nichtauslieferung politischer Verbrecher in Schmoller's Jahrbuch für Gesetzgebung etc. V. 1043 ff.; die Berichte Pfenniger's und Serment's für die 18. Jahresversammlung des Schweizer Juristenvereins in den Protocollen dieser Versammlung, Bern 1880; Soldan; L'extradition des criminels politiques. S.-A. aus der Revue générale du droit, Paris 1882 und A. Curet, des délits politiques au point de vue de l'extradition in der France judiciaire 1882, p. 453 ff. (1 août); die Schrift von van Steenwyk, Over de misdryven waarby wegens hun staatkundig karakter, uitlevering is uitgesloten, Leyden 1877 vermochte ich mir nicht zu verschaffen. Die Literatur des internationalen Strafrechtes, des Völkerrechtes und Strafrechtes kann ich wohl als bekannt voraussetzen. Uebrigens wird im Laufe der Untersuchung wiederholt der Anlass gegeben sein, das eine oder das andere Werk aus derselben anzuführen. Eine Zusammenstellung der Ansichten der einzelnen Autoren über die verschiedenen Fragen unterlasse ich grundsätzlich, da ich eine solche für werthlos halte. Die speciell dem Auslieferungsrechte der österreichisch-ungarischen Monarchie gewidmete Arbeit von Roszkowski, O Azylach i Okstradijcij, Lemberg 1882 ist mir, da ich der polnischen Sprache leider nicht kundig bin, ebenso wie die Schrift von Kasparek über Auslieferungsrecht unzugänglich geblieben.

Für diesen Fall treffen nun, wie sich sofort zeigt, jene beiden oben entwickelten Rücksichten, welche uns bestimmt haben, eine Verpflichtung der Staaten zur Bestrafung der von ihrem Gebiete aus verübten Angriffe gegen die politischen Verhältnisse eines fremden Staates anzunehmen, entweder gar nicht oder nur in einem weit geringeren Maasse zu. Der für die Beurtheilung des Falles scheinbar gleichgiltige, rein äusserliche Umstand, dass die That jenseits unserer Gränze verübt worden, ist, wenn wir näher zusehen, geradezu entscheidend.[1]) Wir haben gesehen, dass für den fremden Staat bei der Beurtheilung politischer Delicte der vom Urheber derselben nicht beabsichtigte Erfolg der Schädigung oder Gefährdung von Rechten und Interessen nicht politischen Charakters über den von demselben allein beabsichtigten Erfolg einer Beeinträchtigung gewisser, aus der Verfassung jenes Staates abgeleiteter Rechte bestimmter Personen in dem Maasse überwiegt, dass der fremde Staat von seinem Standpunkte aus solche Delicte wesentlich als culpose Angriffe gegen nicht politische Interessen betrachtet.

Nun ist es begreiflich, dass ein Staat von denjenigen, welche sich auf seinem Gebiete aufhalten und welche den Schutz seiner Institutionen geniessen, eine weitgehende Berücksichtigung seiner Interessen fordert. Es ist daher auch begreiflich, wenn er sie selbst für eine von ihnen nicht bezweckte, sondern nur fahrlässig herbeigeführte Verletzung dieser Interessen verantwortlich macht. Wenn er ihnen deshalb politische Unternehmungen gegen fremde Staaten wegen ihrer mittelbaren, von den Thätern nicht beabsichtigten, vielleicht kaum vorgestellten Rückwirkung auf ihn selbst bei Strafe verbietet, ist er in seinem vollen Rechte.

Man wird aber kaum behaupten wollen, dass den Staaten ein gleiches Recht auch hinsichtlich der im Auslande sich aufhaltenden Fremden zustehe, dass Oesterreich z. B., obwohl es sich gegenüber dem Bestreben, die republikanische Staatsform, sagen wir in Paraguay, zu stürzen, an sich völlig gleichgiltig verhält,

---

[1]) Es anerkennen dies auch v. Mohl, Staatsrecht, Völkerrecht und Politik I. S. 717 f. und v. Bar, Internationales Privat- und Strafrecht S. 597, Anm. 16.

doch durch die Rücksicht darauf, dass österreichische Staatsbürger möglicherweise durch den Bankerott der bei einer Revolution in Paraguay zu Grunde gehenden Geschäftsleute in Mitleidenschaft könnten gezogen werden, zur Erlassung einer besonderen Strafdrohung gegen diejenigen Anlass hätte, die in einem fremden Staate dessen Regierungsform gewaltsam zu verändern suchen. Noch deutlicher ist es, dass der zweite der oben entwickelten Gründe für die Strafbarkeit der im Inlande gegen das Ausland verübten politischen Delicte entfällt, wenn es sich um einen im Auslande gegen das Ausland unternommenen Angriff handelt. Ist es doch in dem letzteren Falle nicht die Achtung vor der Souveränetät unseres Staates, welche den angegriffenen Staat hinderte, selbst gegen den Angreifer einzuschreiten. Denn die Schuld daran, dass dieser sich zu uns retten konnte, liegt in der Sorglosigkeit oder Ohnmacht der Behörden des angegriffenen Staates selbst. Diese seine Sorglosigkeit oder Ohnmacht kann aber doch nicht den Titel bilden, auf Grund dessen er unsere Hilfe in Anspruch nehmen dürfte.

Aus dem Umstande, dass die Staaten verpflichtet sind, gewisse politische Verbrechen, welche von ihrem Gebiete aus gegen einen anderen Staat verübt werden, zu bestrafen, folgt also nicht schon ganz im allgemeinen, dass sie auch verpflichtet wären, zur Bestrafung auch jener Delicte mitzuwirken, welche auf fremdem Gebiete verübt worden sind. Die erstgedachte Verpflichtung kann ja in Verhältnissen begründet sein, welche dem ersten Falle eigenthümlich und dem zweiten Falle fremd sind.

Und ebenso darf aus der Verpflichtung der Staaten, Flüchtlinge, welche im Auslande schwere gemeine Verbrechen verübt haben, an das Ausland zu überliefern, nicht gefolgert werden, dass ihnen eine ähnliche Verpflichtung auch in Betreff der Urheber politischer Verbrechen aufliege.

Ist nämlich das Verbrechen, dessen Verübung im Auslande dem Flüchtlinge zur Last gelegt wird, nicht eines gegen Leben, Gesundheit, Freiheit, Familienstand, Ehre, Vermögen oder andere Interessen, welche allen Menschen zustehen, ohne Unterschied, ob sie Bürger dieses oder jenes Staates sind, sondern ein solches gegen Interessen und Rechte, welche nur aus der Verfassung eines bestimmten fremden Staates hergeleitet sind, so treffen auch jene Umstände, welche, wenn es sich um ein Verbrechen der ersterwähnten Arten handelt, ein Interesse des Zufluchtsstaates daran begründen, dass derjenige, welcher ein solches im Auslande verübt hat, der verdienten Strafe nicht entgehe, entweder gar nicht oder doch nicht mit völliger Gewissheit und Gleichförmigkeit für alle unter demselben strafrechtlichen Begriffe umfassten Fälle zu. Deshalb ist es auch nicht möglich, den Grundsatz aufzustellen, dass derjenige, welcher unter was immer für besonderen Umständen im Auslande ein politisches Verbrechen gegen einen ausländischen Staat verübt habe, wegen dieses Verbrechens im Inlande ebenso verfolgt und bestraft werden müsse, wie dies hinsichtlich derjenigen, welche gemeine Verbrechen im Auslande verübt haben, nothwendig ist. Die Möglichkeit, dass der Flüchtling vom Gebiete des Zufluchtsstaates aus einen, unmittelbare Gefahr drohenden Angriff auf politische Institutionen des Auslandes verüben werde, ist eine sehr geringe. Zu solchen Angriffen fehlen ihm regelmässig alle Voraussetzungen. Und selbst ein Rückfall auch nur im weiteren Sinne des Wortes, in welchem man darunter auch Angriffe auf die politischen Institutionen des Zufluchtsstaates verstehen könnte, ist regelmässig nicht zu besorgen. Zunächst wird der wegen seiner politischen Bestrebungen Verfolgte sich in der Regel in einen Staat flüchten, in welchem die von ihm verfolgten Tendenzen bereits völlig verwirklicht oder der Verwirklichung wenigstens so nahe gerückt sind, dass deren Anstrebung ganz anders beurtheilt wird als in seiner Heimat, in welchem also schon das Object, gegen das er seine Angriffe richten könnte, fehlt. Sollte dies aber auch nicht der Fall sein und würde ihn auch nicht die Pflicht der Dankbarkeit für das ihm gewährte Asyl von jeder Feindseligkeit gegen die ihn schützende Regierung abhalten, so würde ihm doch ebensowohl das Interesse an der Umgestaltung der Zustände eines ihm fremden Staates, wie auch die zu einem solchen Unternehmen nöthigen Kenntnisse und Beziehungen fehlen. Und würde trotz alledem der politische Flüchtling doch zu Besorgnissen hinsichtlich seines künftigen Verhaltens Anlass geben, so bleibt dem Zufluchtsstaate noch immer die Möglichkeit, ihn entweder auszuweisen oder ihn in einem Gebiete des Inlandes zu interniren, wo er ungefährlich ist: beides Maassregeln, die aus rechtlichen oder thatsächlichen Gründen ausgeschlossen sind, wenn es sich um den Urheber eines gemeinen Verbrechens im Auslande handelt.

Regelmässig also gibt der Aufenthalt eines politischen Flüchtlings zu jenen Besorgnissen und thatsächlichen Gefahren keinen Anlass, welche zur Verfolgung oder Auslieferung des flüchtigen Thäters eines gemeinen Verbrechens bestimmen müssen. Anders steht die Sache nur im Verhältnisse kleiner Staaten mit stammverwandter Bevölkerung, gleichen thatsächlichen und verfassungsmässigen Zuständen. Für die Staaten des seligen deutschen Bundes unter einander hatte demzufolge die Argumentation in dem weiter unten angeführten Artikel des Oesterr. Beobachters, „dass es mit ungleich geringeren Gefahren verknüpft ist, dem fremden bürgerlichen als dem fremden politischen Verbrecher Schutz zu gewähren," trotz einiger Uebertreibung eine gewisse Richtigkeit. Ganz anders aber steht die Sache im heutigen Europa mit seiner geringen Zahl von vorwiegend nach dem Nationalitätenprincipe organisirten Grossmächten. Für den heutigen Zustand darf man nicht vergessen, dass die Bevölkerung des Zufluchtsstaates sehr häufig mit den politischen Flüchtlingen, wenigstens vorübergehend, auf das lebhafteste sympathisirt, und zwar oft auch dann, wenn weder die Flüchtlinge selbst, noch die Sache, für welche sie gekämpft und gelitten, der Sympathie eines freien Volkes würdig sind. Liegt es doch in der Natur derjenigen, welche an einem ihnen nicht völlig verständlichen Streite unbetheiligt geblieben sind, mit jenen mitzufühlen, welche in ungleichem Kampfe überwunden und vielleicht mit grausamer Härte behandelt worden, mag deren Niederlage auch eine noch so verdiente und gerechte gewesen sein. Dieses Gefühl, welches zudem durch die Presse aus den verschiedensten Motiven künstlich angestachelt zu werden pflegt, mag namentlich in der ersten Zeit so heftig auflodern, dass es der Regierung des Zufluchtsstaates ernste Schwierigkeiten bereiten könnte, wenn sie es versuchen wollte, demselben durch Maassregeln gegen die Flüchtlinge zu trotzen. Ausserdem bleibt noch zu berücksichtigen, dass, mögen die besiegten Flüchtlinge ihrer Person und ihrer Ziele wegen der Sympathieen noch so unwerth sein, die Strafe, die sie trifft, jedenfalls eine harte ist. Der Betrüger, Räuber oder Mörder mag das Exil gleichmüthig ertragen. Was liegt ihm an seinem Vaterlande, an seiner Nation? Ihm gilt: Ubi bene, ibi patria. Für Männer aber, die für ein Problem gekämpft, das ihnen als ein ideales erschien, mag es in den Augen Anderer noch so verwerflich sein, ist die Losreissung von ihrer Heimat, für die sie ihr Höchstes eingesetzt haben, immer eine Strafe von äusserster Bitternis.

Für die Haltung, welche der Zufluchtsstaat gegen politische Flüchtlinge einzunehmen Anlass hat, werden in aller Regel Umstände entscheidend sein, welche mit der Frage, ob deren That unter den Begriff dieses oder jenes Delictes subsumirt werden könne, gar nichts zu thun haben. Deshalb nun, weil nicht strafrechtliche, sondern weil politische Erwägungen für seine Stellung zu dem Flüchtlinge maassgebend sind, wird es dem Zufluchtsstaate unmöglich sein, ein für allemal den Grundsatz aufzustellen, dass er die Urheber von im Auslande verübten politischen Delicten gegen fremde Staaten überhaupt oder die Urheber gewisser Arten derselben bestrafen oder ausliefern werde. Er würde durch die Statuirung eines solchen Grundsatzes allzu oft ideale oder materielle Interessen seines eigenen Volkes beeinträchtigen. Kann man aber Bestrafung oder Auslieferung nicht grundsätzlich und allgemein gewähren, so muss man, wie dies nahezu allgemein anerkannt wird, Bestrafung und Auslieferung grundsätzlich und allgemein verweigern. Der Satz: Nulla poena sine lege hat auf keinem Gebiete des Strafrechtes eine so tiefinnerliche Berechtigung als auf dem der politischen Delicte. Der Bestrafung darf nur derjenige überliefert werden, dem diese Ueberlieferung schon vorher durch das Gesetz angekündigt worden ist. Die Gefahr eines Missbrauches einer den Gerichten oder der Executive gewährten Discretion wäre nirgends so gross, als wenn es sich um politische Delicte handelt. Aber auch die gefährlichsten internationalen Verwicklungen könnten daraus entstehen, wenn man, ohne jene Fälle, in welchen wegen im Auslande verübter politischer Verbrechen ausgeliefert oder bestraft wird, nach strafrechtlichen Merkmalen abzugränzen, je nach politischen Erwägungen in einzelnen Fällen bestrafen bezw. ausliefern wollte, während man in andern Fällen jede Reaction gegen ein unter denselben criminalistischen Begriff fallendes Verhalten verweigern wollte. Wenn ein Staat in Fällen, welche, strafrechtlich betrachtet, gleichartig sind, dem Auslieferungsbegehren bald stattgibt, bald ein solches abschlägig bescheidet, so entsteht leicht der Anschein, als würde er in jenen Fällen, in welchen er dem Ansuchen nicht stattgegeben, die Rechtmässigkeit des Bestandes oder des Vorgehens der betreffenden fremden Regierung, deren Ansuchen er abwies, bezweifeln.

Lehnt man aber **grundsätzlich** die Auslieferung wegen politischer Verbrechen ab, so kann von einer Parteilichkeit für die eine und gegen die andere Regierung natürlich nicht die Rede sein.

„In der consequenten Durchführung eines Principes kann keine, wohl aber darin eine Beleidigung gefunden werden, dass man der einen Regierung verweigert, was man der anderen gewährt."[1]) Mit Recht schliesst daher Coninck Liefsting seine Untersuchung dieser Frage mit dem scheinbaren Paradoxon ab: „Refuser l'extradition d'un homme accusé de tels faits est dès lors un acte de respect pour la souveraineté de la nation, qui la reclame."[2])

Alle Erwägungen führen also zu dem Resultate, dass die Staaten keinen Grund haben, die Bestrafung von Personen, welche im Auslande politische Delicte gegen einen auswärtigen Staat verübt haben, zu veranlassen: dass sie weder Ursache haben, dieselben wegen solcher Thaten der Gerichtsbarkeit des Inlandes zu unterwerfen, noch dazu, sie dem angegriffenen Staate oder jenem dritten Staate, auf dessen Gebiete der Angriff erfolgt war,

---

[1]) v. Bar, Internat. Privatr. S. 594.
[2]) Mémoire sur le principe: Pas d'extradition pour les délits politiques. 1875, p. 11.

auszuliefern.¹) In diesen Erwägungen liegt daher die von Liszt²) m. E. mit Unrecht angezweifelte juristische Begründung für die exceptionelle Behandlung der politischen Delicte im internationalen Rechte. Gleichzeitig liegt in ihnen aber auch die Andeutung jener Beschränkungen, denen die Zulassung einer Ausnahmsstellung dieser Delicte unterworfen ist. Diese Ausnahmsstellung ist nämlich nicht gerechtfertigt, wenn die Frage der Auslieferung wegen politischer Delicte im Verhältnisse zwischen solchen Staaten auftaucht, welche untereinander in einem engeren staatsrechtlichen, nicht bloss in einem völkerrechtlichen Verhältnisse stehen³) und ebensowenig, wenn ein Delict in Frage kommt, welches gegen ein allen Staaten gemeinsames Culturinstitut gerichtet wäre. Würde es sich nachweisen lassen, dass der Zweck einer revolutionären Bewegung nicht bloss auf die

¹) Vgl. auch Brusa. im Annuario delle scienze giuridiche, sociali e politiche II. p. 115 ff. und Serment l. c. p. 112.

²) In seinem Gutachten f. d. deutschen Juristentag (Zeitschr. f. Strafrechtswissenschaft II. S. 65 und 74).

³) Auslieferung wegen politischer Delicte findet daher statt zwischen Oesterreich und Ungarn (vgl. österr. Justizministerialerlass vom 26. Mai 1875. Z. 6742) und zwischen den einzelnen Staaten der nordamerikanischen Union (Artikel IV. Sect. 2 der Unionsverfassung; Sect. 5278 Revised Statutes bei Spear, Law of extradition, Albany 1879, p. 415). Nach Schweizer Recht (Verfassung von 1848 Art. 50, von 1874 Art. 67) sind zwar die Cantone nicht verpflichtet, einander eine Auslieferung wegen politischer Verbrechen zuzugestehen (Art. 3 des Bundesgesetzes vom 24. Juli 1852 bei Schauberg, das intercantonale Strafrecht der Schweiz. S. 11 u. 31 ff.), wohl aber sind sie verpflichtet, den Urheber eines politischen Verbrechens dem Bundesgerichte auszuliefern, soferne dieses nach Art. 112 der Verfassung zur Aburtheilung eines politischen Verbrechens berufen ist (Serment a. a. O. p. 144 ff.). Insoferne würde durch die Aenderung des Art. 112 der Verfassung (bez. des Art. 52 des Bundesgesetzes vom 4. Hornung 1853) im Sinne der jüngsten Beschlüsse des Nationalrathes (Zeitschrift für Strafrechtswissenschaft III. 745) die Zahl der Fälle, in welchen Auslieferung wegen politischer Delicte stattfindet, nicht unbeträchtlich vermehrt werden. Bis zur Erlassung eines gemeinsamen Strafgesetzbuches war auch unter den Staaten des norddeutschen Bundes die Auslieferungspflicht auf nicht politische Verbrechen beschränkt (Rechtshilfegesetz vom 21. Juni 1869 Art. 25). Seither finden die Grundsätze der R. St. P. O. von den Gerichtsständen auch auf politische Delicte ihre volle Anwendung. ohne dass man deshalb von „Auslieferung" sprechen könnte.

gewaltsame Aenderung der politischen Organisation eines einzelnen Staates, sondern auf gewaltsamen Umsturz der heutigen Ordnung der Gesellschaft aller Culturstaaten gerichtet wäre, so könnte man m. E. nicht leugnen, dass auch alle durch eine solche Bestrebung bedrohten Staaten an der Repression derselben interessirt und deshalb zu ihr berechtigt wären. Ob eine Bewegung dieser Art existirt, zu untersuchen, ist nicht Aufgabe der gegenwärtigen Schrift.[1])

Ausser den bisher entwickelten Bedenken, welche gleichmässig gegen Auslieferung und gegen Verfolgung im Inlande sprechen, stehen jeder dieser beiden möglichen Arten der strafrechtlichen Reaction wider im Auslande verübte politische Delicte gegen das Ausland noch specifische Bedenken entgegen: der Verfolgung im Inlande die Schwierigkeit, ein Gericht zu bestellen, welches der thatsächlichen Verhältnisse des betreffenden Staates genügend kundig ist, um ein gerechtes Urtheil zu fällen und die Bedenklichkeit eines Ausspruches inländischer Behörden über politische Zustände des Auslandes; der Auslieferung die Gefahr, welche darin liegt, dass man die Flüchtlinge ihren politischen Gegnern im ersten Taumel der Siegesfreude, bei vielleicht noch frischer Erinnerung der Gefahren und Leiden, welche sie von jenen zu erdulden hatten, überantwortet: Bedenken, welche kaum treffender gekennzeichnet werden können als mit den Worten Robert v. Mohl's: „Die Auslieferung politisch Angeklagter kann zu den schwersten Beeinträchtigungen des wahren Rechtes und

---

[1]) Vgl. Bluntschli in seinem Berichte an das Institut de droit international, Annuaire 1882 p. 105, Martens in den Verhandlungen des Institut, Annuaire 1882 p. 117 und insbesondere Wahlberg in der Zeitschr. f. d. Privat- und öffentliche Recht der Gegenwart, VII. (1880) S. 499 ff., welcher im Anschlusse an die Abhandlung v. Schirach's im Neuen Archive des Criminalrechtes, 1850, den vernachlässigten Unterschied der politischen Verbrechen von den socialen hervorhebt, aber selbst vor leichtfertiger und übereilter Construction eines Collectivbegriffes socialer Verbrechen als „einer Quelle von Missgriffen und Rechtsunsicherheit in der Praxis" (S. 502 a. a. O.) insolange warnt, als die erforderlichen sociologischen Voraussetzungen noch fehlen. Siehe aber auch Serment a. a. O. S. 118 ff., v. Liszt in der Zeitschr. f. Strafrechtswissenschaft II. S. 76 ff. und meine Abhandlung, ebendort III. S. 382 ff.

echter Bürgertugend, zu Vertheidigung gewissenloser Gewaltherrschaft, zur Beihilfe zu leidenschaftlichen Parteiverurtheilungen führen; dem ausliefernden Staat für immer einen Makel aufprägen. Selbst einem im allgemeinen gesitteten Staate ist in dieser Beziehung keineswegs immer und gegenüber von jedem Angeklagten zu trauen, wie die Geschichte aller Zeiten und Völker zeigt. — — Aber auch die Vornahme einer selbstthätigen Verfolgung durch die eigenen Gerichte erscheint als kaum ausführbar. — Es kann nämlich einem verletzten Staate kaum zusagen, dass fremde Behörden über die Rechtmässigkeit seiner öffentlichrechtlichen Zustände und über seine Ansprüche auf Gehorsam der Unterthanen zu Gericht sitzen, und leicht könnte es sich begeben, dass er durch die, doch immer mögliche, Freisprechung des Angeklagten weit grösseren moralischen Schaden erlitte, als durch die thatsächliche Straflosigkeit eines Flüchtlings. Eine solche Beihilfe wird er also kaum je suchen, vielleicht selbst die angebotene zurückweisen. Dass aber ohne seine Mitwirkung, namentlich in Herbeischaffung der Beweismittel, das ganze Verfahren in der Regel völlig nutzlos wäre, liegt auf der Hand. Somit ist es denn weitaus das Zweckmässigere, auch auf dieses Mittel zur Rechtsherstellung zu verzichten."[1])

[1]) Die völkerrechtliche Lehre vom Asyle in „Staatsrecht, Völkerrecht und Politik" I. S. 717 f.

II.
Verfolgung und Bestrafung im Inlande.

Nach den vorstehenden allgemeinen Erörterungen müssen wir uns nun eingehender der ersten Alternative zuwenden: der Verfolgung im Auslande verübter politischer Delicte gegen das Ausland durch die inländischen Gerichte. Aus der Zusammenstellung in meinem citirten Aufsatze in der Zeitschr. f. Strafrechtswissenschaft ergibt es sich, dass die Gesetze der meisten Staaten Angriffe gegen die aus ausländischen Verfassungen abgeleiteten politischen Rechte überhaupt nicht mit Strafe bedrohen. Allerdings aber haben wir a. a. O. auch einige Gesetze kennen gelernt, welche solche Angriffe, wenigstens sofern sie im Inlande verübt worden sind, unter Strafdrohung stellen und wir haben gefunden, dass, wenn auch einige dieser Strafdrohungen über das Maass des Erforderlichen und des Empfehlenswerthen hinausgehen, doch dem Grundsatze nach nur diese Gesetze den internationalen Verpflichtungen der Staaten unter einander gerecht werden. Im Anschlusse daran müssen wir denn auch in dem gegenwärtigen Zusammenhange, bevor wir an das Problem der Auslieferung wegen politischer Delicte herangehen, untersuchen, wie die heutigen Gesetzgebungen der leitenden Staaten sich zu der Frage verhalten, ob im Inlande eine Verfolgung und Bestrafung wegen im Auslande verübter politischer Verbrechen gegen das Ausland zulässig sei.

In früheren Jahrhunderten fehlte es völlig an einschlagenden gesetzlichen Bestimmungen. Wo man es für nöthig oder zweckmässig hielt, half man sich mit administrativer Einsperrung.[1]) Was das heute geltende Recht betrifft, so unterscheidet das deutsche R. St. G. B. zwischen Delicten der Inländer und der Ausländer. Ein Deutscher ist auch dann, wenn er im Auslande eine den Voraussetzungen des §. 102 entsprechende That verübt hat, für dieselbe in Deutschland strafbar. Ein Ausländer hingegen wird in Deutschland nur dann bestraft, wenn er dieses Delict „während seines Aufenthaltes im Inlande" verübt hat. Er ist also bloss dann der Gerichtsbarkeit des deutschen Reiches unterworfen, wenn er nicht allein die betreffende ihm zur Last gelegte Thätigkeit im Inlande entäussert, also z. B. die betreffende Druckschrift in Deutschland veröffentlicht hat, sondern wenn er ausserdem zur Zeit dieser Thätigkeit, d. h. in dem Momente, in welchem er die Schrift zum Drucke beförderte, in Deutschland seinen Aufenthalt hatte. (Vgl. Olshausen, §. 102, No. 2 und §. 3, No. 7.) Sehr bestritten sind die Fragen, welche sich aus dem Verhältnisse des §. 102 zu den allgemeinen Bestimmungen der §. 4 und 5 R. St. G. B. ergeben, insbesondere die Frage, ob der Deutsche, welcher sich im Auslande einer unter den Begriff des §. 102 fallenden That schuldig gemacht hat, in Deutschland nur dann bestraft werden könne, wenn die That auch „durch die Gesetze

---

[1]) Offenbar war es seine Theilnahme an der französischen Revolution, wegen welcher Lafayette, übrigens ohne jeden gesetzlichen Anhaltspunkt und daher ohne Urtheil und unter dem Vorwande der Kriegsgefangenschaft, zuerst von Preussen (in Magdeburg vom Anfang des Jahres 1793 bis 1794) dann von Oesterreich (Mai 1794 bis 19. September 1797 in Olmütz) in strenger Haft gehalten wurde. (Büdinger. Lafayette, ein Lebensbild, 1870, S. 44.) Aus dem Umstande, dass für Lafayette's Gefangenschaft ein Rechtstitel sich nicht finden liess, dürfte sich vielleicht auch die auffallende Thatsache erklären, dass jene beiden jungen Männer, der Deutsche Dr. Bollmann und der Amerikaner Huger, welchen es gelang, Lafayette am 8. November 1794 für einige Stunden zu befreien, ohne Urtheil und Strafe aus ihrer Untersuchungshaft entlassen wurden. (S. 46 a. a. O.) Nachdem Fox's und Washington's Bemühungen, die Freilassung Lafayette's zu erwirken, fruchtlos geblieben, erfolgte dieselbe 1797, in Wahrheit als Concession für den siegreich vorgedrungenen General Bonaparte, wenn sie auch von dem österreichischen Minister Thugut, ganz entsprechenderweise, unter dem Scheine einer Höflichkeit gegen die Vereinigten Staaten, deren Bürgerrecht Lafayette genoss, verschleiert wurde. (Büdinger a. a. O. S. 53.)

des Ortes, an welchem sie begangen wurde, mit Strafe bedroht ist" (§. 4 No. 3), und die andere, ob die Einleitung der Verfolgung desselben dem Ermessen der Staatsbehörde überlassen bleibe (arg. verb. „kann verfolgt werden" §. 4 al. 2 im Anfange) oder ob die Staatsbehörde unter allen Umständen hierzu verpflichtet sei. Die erste Frage wird von allen, die zweite von der Mehrzahl der Commentatoren des R. St. G. B. verneint. Vor Allem scheint es mir unzulässig, mit Oppenhoff No. 4 ad §. 102 und Schütze, Lehrb. S. 253, Anm. 9, den §. 102 in der ersten Beziehung von §. 4 unabhängig, in der zweiten jedoch unter der in §. 4 aufgestellten Einschränkung zu interpretiren. Das treffende Argument, dass es absurd wäre, wenn das deutsche Gesetz, welches die Verfolgung des Deutschen, der im Auslande einen Hochverrath gegen einen deutschen Staat verübt hat, nur facultativ zulässt (§. 4 No. 1), die Verfolgung jenes Deutschen, der im Auslande einen Hochverrath gegen einen fremden Staat verübt hat, obligatorisch vorschreiben würde, wie sich dies ergäbe, wenn man den §. 102 unabhängig von §. 4 auslegen wollte, kann vielmehr m. E. nur dafür in's Gewicht fallen, dass man den §. 102 überhaupt den Einschränkungen des §. 4 als eines für alle Arten von strafbaren Handlungen aufgestellten Grundsatzes unterwerfen muss. Sind doch alle die Bestimmungen der §§. 1—12 d. R. St. G. B. im Sinne von allgemeinen Regeln abgefasst. Ergibt sich ein Conflict einer dieser allgemeinen Regeln mit einer Satzung des besonderen Theiles, so könnte diese letztere nur dann vorgehen, wenn man durch Festhalten an den ersteren zu einem ganz zweifellos ungerechten Ergebnisse gelangen würde. Nicht nur, dass dies bei der vorliegenden Controverse nicht der Fall ist, sondern, wie wir gesehen haben, man verwickelt sich, wenn man die Bestimmung des besonderen Theiles entscheiden lässt, in Widersprüche und Ungerechtigkeiten. Die Vertreter der entgegengesetzten Ansicht müssen consequenter Weise auch die Anwendbarkeit der Dispositionen des §. 5 auf das Delict des §. 102 ausschliessen, wie dies Oppenhoff ad §. 102 No. 3 thut. Wenn die auswärtige Regierung nur den Antrag stellt, müsste also der Deutsche, der in dem fremden Staate, gegen welchen er

delinquirt hat, bereits einmal rechtskräftig freigesprochen oder
begnadigt worden, in Deutschland wegen derselben That nochmals verfolgt werden, eine Consequenz, die doch ganz unzweifelhaft ausgesprochen sein müsste, um sie dem Gesetzgeber trotz
ihrer Absurdität zumuthen zu dürfen.

Wo der §. 102 von den allgemeinen Satzungen des §. 4
losgelöst werden sollte, hat der Gesetzgeber dies ausdrücklich
gethan. So hat er ausdrücklich den ersten Satz des §. 4, al. 3,
„die Verfolgung (wegen eines im Auslande verübten Verbrechens
oder Vergehens im Sinne des §. 4 No. 3) ist auch zulässig, wenn
der Thäter bei Begehung der Handlung noch nicht Deutscher
war," dadurch ausser Kraft gesetzt, dass er die Verfolgbarkeit
nach §. 102 ausdrücklich davon abhängig machte, dass der Thäter,
wenn es sich um ein im Auslande verübtes Verbrechen handelt,
ein Deutscher gewesen sei oder dass er, wenn er ein Ausländer
war, sich zur Zeit der That im Inlande aufgehalten habe.[1])
Keine dieser beiden Voraussetzungen trifft aber in dem gedachten
Falle zu, in welchem der Thäter zur Zeit seiner That weder
Inländer war, noch sich im Inlande aufhielt.

Die erste der erwähnten Controversen, ob ein Deutscher wegen
eines im Auslande verübten hochverrathähnlichen Angriffes gegen
einen fremden Staat nach seiner Rückkehr nach Deutschland oder
im Falle seiner Ergreifung auf ausserstaatlichem Gebiete oder in
einem Gebiete, in welchem Deutschland Gerichtsbarkeit über
seine Unterthanen ausübt, in Gemässheit der §§. 102 und 4
No. 3, nur dann bestraft werden dürfe, wenn die That auch
durch die Gesetze des Ortes, an welchem sie begangen wurde,
mit Strafe bedroht war, kann selbstverständlicherweise blos in dem
Falle eintreten, wenn die betreffende That in dem Gebiete eines
dritten Staates verübt worden ist. Für diesen Fall erlangt auch
die dritte der erörterten Controversen, ob eine bereits erfolgte
rechtskräftige Freisprechung im Auslande die neuerliche Verfolgung im Inlande hindert (§. 5 No. 1), grössere Wichtigkeit.
Wäre die That in dem Gebiete jenes Staates verübt worden,

---

[1]) Vgl. Schultz, der Widerstand gegen die auswärtige Staatsgewalt.
S. 39.

gegen welchen sie gerichtet war, so würde sie ja am Orte ihrer Verübung ganz gewiss mit Strafe bedroht gewesen sein. Die Bedingung des §. 4 No. 3 wäre also verwirklicht. Für den Fall, dass die That in einem dritten Staate verübt worden, hat aber das deutsche Reich sicherlich keine Verpflichtung zu bestrafen; ja es ist fraglich, wie sich ein Recht desselben, eine Strafe für diesen Fall zu drohen, begründen liesse. Wie kommt das deutsche Gesetz dazu, ausserhalb Deutschlands einem Deutschen feindliche Handlungen gegen einen fremden Staat verbieten zu wollen, wenn ihm solche Handlungen durch die Gesetze des Aufenthaltsortes gestattet sind? Dass der Gesetzgeber Deutschlands übrigens an den hier vorausgesetzten Fall gar nicht gedacht habe, ergibt sich schon daraus, dass §. 102 nicht sagt, welche der beiden auswärtigen Regierungen, die in diesem Falle durch das Verbrechen des Deutschen in Mitleidenschaft gezogen worden: die Regierung des von ihm angegriffenen Staates oder die des Staates, von welchem aus er den Angriff unternahm, zur Stellung des Antrages berechtigt sei und wie der Fall zu beurtheilen wäre, wenn beide Regierungen den Antrag gestellt hätten, die eine ihn aber zurückziehen würde? Aus der Unmöglichkeit einer Beantwortung dieser Fragen ergibt sich deutlich, dass das deutsche Gesetz den regelmässigen Fall, in welchem denn auch die Bedingung des §. 4 al. 3, nothwendigerweise verwirklicht ist, den Fall, in welchem das Verbrechen in dem angegriffenen Staate selbst verübt wurde, voraussetzt und an einen anderen gar nicht denkt, für einen solchen also auch eine Bestrafung nicht anordnet bez. zulässt.

Nach der neuesten Vorlage eines Strafgesetz-Entwurfs für Oesterreich von 1881 ist nur der Inländer wegen eines im Auslande von ihm etwa verübten Verbrechens oder Vergehens gegen befreundete Staaten strafbar (§. 4 No. 2), während der Ausländer wegen eines solchen nicht bestraft wird (§. 114). Nach der ursprünglichen Regierungsvorlage von 1874 wäre auch die Verfolgung eines Ausländers zulässig gewesen, wenn die That am Orte ihrer Verübung strafbar war und der Justizminister die Verfolgung anordnet (§. 4 Z. 3 vgl. mit §. 112 der Vorlage von 1874).

Nach dem geltenden österreichischen St. G. B. von 1852 ist es zwar kein Merkmal des Thatbestandes nach §. 66 al. 2, dass die betreffende Thätigkeit im Inlande entäussert worden sei, aber nach dem am 3./15. October 1860 abgeschlossenen Vertrage zwischen Oesterreich und Russland, sowie nach der amtlichen Kundmachung über den Abschluss dieses Vertrages durch die österreichische J. M. V. vom 19. October ·1860, No. 233 R. G. Bl. kann es keinem Zweifel unterliegen, dass in dem einzigen Falle, in welchem §. 66 überhaupt zur Anwendung kommt, im Falle eines gegen Russland verübten hochverrathähnlichen Angriffes, die Verübung dieses Angriffes im Inlande vorausgesetzt ist.

Die entgegengesetzte Ansicht, welche der J. M. E. vom 12. September 1863, Z. 1322 vertritt, habe ich ausführlich besprochen und, wie ich glaube, widerlegt in der Abhandlung „Die Strafbarkeit des Hochverrathes gegen Russland nach österreichischem Rechte". (Wiener) Juristische Blätter 1883, No. 9—11.[1])

Auch die Strafdrohung des Art. 260 des russischen St. G. B. erstreckt sich zufolge Art. 172 nicht auf im Auslande delinquirende Ausländer, und selbst auf im Auslande delinquirende Russen nur unter der Voraussetzung, dass die · That auch nach dem Rechte des Thatortes mit Strafe bedroht ist.[2])

Die Rechte der übrigen europäischen Staaten kommen hier nur in sehr bedingter Weise in Betracht, da dieselben eine allgemeine Strafdrohung wider „feindliche Handlungen gegen befreundete Staaten" selbst nicht für den Fall ihrer Verübung im Inlande, umsoweniger also für den der Verübung im Auslande enthalten.[3])

---

[1]) Vgl. Glaser, G.-Z. 1864 No. 15 und Kleine Schriften I. S. 315 (2. Auflage) und A. Weiss im Journal de droit international privé X. (1883) p. 247—262, welcher meine Abhandlung aus den „Juristischen Blättern" in französischer Bearbeitung wiedergibt.

[2]) Vgl. Glaser a. a. O. S. 319, meine citirte Abh. S. A. S. 8 f. und die Amtlichen Erläuterungen zum Entwurfe des allg. Theiles eines russischen St. G. B., übersetzt von Dr. Gretener, St. Petersburg 1882, S. 43.

[3]) Vgl. die citirte Abh. in der Zeitschrift f. Strafrechtswissenschaft III. S. 401 ff.

Ausdrücklich setzt Art. 1 des Schweizer Bundesgesetzes vom 4. Hornung 1853 zum Thatbestande des Verbrechens völkerrechtswidriger Handlungen (Art. 41) dessen Verübung auf schweizerischem Gebiete voraus, so dass also derjenige nicht strafbar ist, der, sei er Schweizer oder Ausländer, eine dergleichen That im Auslande verübt.

Auch nach belgischem Rechte ist die Strafbarkeit der Delicte gegen fremde Staaten, welche durch die Gesetze vom 20. December 1852 und 12. März 1858 geschaffen wurden,[1]) infolge des Gesetzes vom 17. April 1878 (titre préliminaire du code de procédure pénale), Art. 8, auf den Fall der Verübung dieser Delicte im Inlande beschränkt. (Vgl. übrigens unten Cap. XI.) Hingegen kann ein Franzose wegen der Delicte der Art. 84 und 85 des französischen C. pénal nach seiner Heimkehr verfolgt werden. (Art. 5 des Gesetzes vom 27. Juni 1866.)[2]) Das Gegentheil davon dürfte nach italienischem Rechte von den Delicten der Art. 174 und 175 anzunehmen sein, da Art. 6 C. p. Sardo nur von der Bestrafung der von Inländern im Auslande verübten Delicte „a danno di un regnicolo o di uno straniero," also wohl nur von Delicten zum Nachtheile bestimmt nachweisbarer Individuen, nicht auch von Delicten gegen Staaten als solche handelt.[3])

Ihre endgiltige Würdigung werden übrigens alle hier angeführten Bestimmungen erst am Ende dieser Abhandlung finden können.

---

[1]) Zeitschr. f. Strafrechtswissenschaft III. S. 402.

[2]) Dasselbe Schicksal trifft den Portugiesen wegen eines Delictes nach Art. 148 und 150 seines St. G. B. unter der Voraussetzung, dass die That auch am Orte ihrer Verübung als Verbrechen oder Vergehen behandelt wird. (Gesetz vom 1. Juli 1867, Art. 1 No. 4).

[3]) Ueber den italienischen St. G.-Entwurf von 1874 vgl. meine citirte Abh. a. a. O. S. 401.

III.
Entstehungsgeschichte des Grundsatzes der Nichtauslieferung wegen politischer Verbrechen.

Eine weit ältere Frage als die, ob im Auslande verübte politische Delicte gegen fremde Staaten im Inlande bestraft werden können, ist die andere, ob Auslieferung wegen solcher Delicte zugestanden werden solle. In früheren Jahrhunderten waren politische Delicte nahezu die einzigen, wegen welcher Auslieferungen überhaupt stattfanden. Im Auslande verübte gemeine Delicte erregten infolge der noch andauernden Isolirung der einzelnen Staaten von einander die Aufmerksamkeit und das Interesse der Bevölkerung und Regierung des Zufluchtsstaates nur in jenen seltenen Fällen, in welchen das betreffende Verbrechen wegen besonderer Umstände der an demselben activ oder passiv betheiligten Personen oder aus anderen, criminalistisch mehr oder weniger irrelevanten Umständen Sensation über die Umgebung des Thatortes hinaus erzeugt hatte.[1] In Betreff der grossen Mehrzahl selbst schwerer Verbrechen nicht politischen Charakters verzichteten die Staaten darauf, der Thäter derselben habhaft zu werden, sobald diese die Gränze eines fremden Staates überschritten hatten. Gelang es aber dem Urheber eines politischen Verbrechens sich vor der ihm drohenden martervollen Strafe ins Ausland zu flüchten, so boten schon die Regierungen des Mittelalters alle diplomatischen Künste, und, wenn diese nicht zum Ziele führten, wohl auch Arglist oder

---

[1] Vgl. insbesondere Bernard, Traité de l'extradition I. Paris 1883, an vielen zerstreuten Stellen.

Gewalt auf, um den Gegner wieder in ihre Macht zu bringen und ihn möglichst unschädlich zu machen.[1]) Einen Grundsatz, ob politische Verbrecher auszuliefern seien oder nicht, gab es nicht. Man hätte wohl den Gedanken, dass es eine grundsätzliche Lösung dieser Frage geben könne, überhaupt nicht zu fassen vermocht. Willkür und eigenes, mittelbares oder unmittelbares Interesse an der Austragung jenes politischen Conflictes, wegen dessen der Verfolgte geflohen war, entschieden über die Frage, ob ihm Asyl gewährt werden solle oder nicht.[2])

Fälle der Auslieferung wegen politischer Delicte sind in früheren Jahrhunderten denn auch keineswegs selten. Einige der auffallendsten möchten die folgenden sein: Die Auslieferung der Urheber der Pariser Unruhen von 1413 von Seite Englands,[3]) die Auslieferung einiger Richter des High Court of Justice, welche für die Hinrichtung Carls I. von England gestimmt hatten, von Seite Dänemarks und der Niederlande,[4]) die Auslieferung des

---

[1]) Vgl. Bernard I. p. 322 ff.

[2]) Hugo Grotius, de Jure belli ac pacis, L. II. c. 21 §. 5 (gegen Ende) sagt geradezu: Caeterum jus hoc quod diximus deposcendi ad poenas eos qui extra territorium profugerunt, hoc et proxime actis saeculis in plerisque Europae partibus circa ea demum crimina usurpatur, quae statum publicum tangunt aut quae eximiam habent facinoris atrocitatem. Vgl. auch Vattel, Droit des gens L. II. ch. 6, §. 76, der unter den grands crimes, wegen deren Auslieferung stattfindet, gewiss auch Hochverrath mitinbegriff.

[3]) Hélie, Traité de l'instruction crim. 1. Aufl. II. 655.

[4]) Um die Auslieferung der regicides desto sicherer zu erhalten, schloss Carl II. Verträge mit Dänemark und den Niederlanden ab, durch welche sich die genannten Staaten hierzu verpflichteten. Der Vertrag mit Dänemark datirt vom 23. Februar 1661 und findet sich in Dumont's Corps diplomatique T. VI. P. II. p. 347, der mit den Niederlanden (nach Angabe Provó Kluit's De deditione profugorum, Leyden 1829, p. 44) vom 14. September 1662 und ist mitgetheilt im Groot Placaet-Boeck T. II. col. 2881. Die Generalstaaten hatten übrigens schon vor dem Abschlusse dieses Vertrages drei der Richter des Königs Barkstead, Okey und Miles Corbett ausgeliefert, welche denn auch in England hingerichtet wurden. (Vgl. Kluit p. 83 und Sir G. C. Lewis On foreign jurisdiction and the extradition of criminals, London 1859, p. 48.) Die Schweizerische Eidgenossenschaft hingegen hatte die aus dem gleichen Grunde verlangte Auslieferung Ludlow's verweigert. Karl II. suchte sich daher desselben durch Meuchelmord zu entledigen. Aber der Anschlag gegen ihn gelang nicht so nach Absicht, wie dies mit demjenigen gegen den Gemahl der unglücklichen Alice Lisle der Fall war. (Vgl. Lewis a. a. O. p. 48.)

Bernardo Bandini de Baroncelli wegen Mitschuld an der Verschwörung der Pazzi gegen die Mediceer durch Sultan Muhammed II. 1479,[1]) die von Petrarca bitter getadelte Auslieferung Cola Rienzi's durch Kaiser Karl IV. von Prag nach Avignon 1351,[2]) die Auslieferung des Führers der ständischen Bewegung in Mähren, Friedrich von Tieffenbach von der Schweizerischen Eidgenossenschaft nach Innsbruck, wo er enthauptet wurde 1621;[3]) die Auslieferung des Grafen von Görtz durch die Generalstaaten wegen Theilnahme an der Verschwörung des Grafen Gyllenborg in England,[4]) die Auslieferung Sir Th. Armstrongs wegen Mitschuld an der Ryehouseverschwörung durch die Stadt Leyden an England;[5]) die Auslieferung Napper Tandy's und dreier Genossen von Seiten Hamburgs an England 1799.[6])[7])

Auch in Verträgen übernahmen die Staaten ganz allgemein die Verpflichtung zur Auslieferung politischer Missethäter. So verpflichteten zur Auslieferung wegen Staatsverbrechen die Allianztractate zwischen Frankreich und der helvetischen Republik vom

---

[1]) Arlia, Le convenzioni d'estradizione tra il regno d'Italia e gli Stati stranieri 1871. I. p. 11.

[2]) Papencordt, Cola di Rienzo und seine Zeit, Hamburg 1841, S. 241 ff. Petrarca's Brief an Francesco di Nello vom 12. August 1352 a. a. O. S. LXXVIII.

[3]) Krones, Geschichte Oesterreichs III. S. 441.

[4]) Ward, history of the law of nations II. 548 und Heffter-Geffken §. 204.

[5]) Macaulay, history of England V. 190, Tauchnitz edit.

[6]) Harder, die Auslieferung der vier politischen Flüchtlinge Napper Tandy, Blackwell, Morris und Peters im Jahre 1799, Leipzig 1857; Lewis l. c. p. 48, Teichmann, Revue de dr. int. XI. 479 ff. Napper Tandy und Blackwell waren, der erste als Brigadegeneral, der zweite als Escadronschef, in die Dienste der französischen Armeen eingetreten, welche die aufständischen Iren gegen England unterstützen sollten. Blackwell war angeblich französischer Bürger geworden, was allerdings nach der damals in England noch geltenden Auffassung des britischen Staatsbürgerthums als eines character indelebelis ganz gleichgiltig war.

[7]) Die Bestimmung des Alt-Ranstätterfriedens 1706, derzufolge Patkul vom Kurfürsten von Sachsen der grausamen Rache Karl XII. überliefert wurde, statuirte keine Auslieferung im technischen Sinne des Wortes. Seine That war kein Verbrechen, seine Hinrichtung kein Justizakt, sondern ein Mord.

28. Mai 1777, Art. 15¹), vom 19. August 1798, Art. 14²) und vom 18. Juli 1828³), und zur Auslieferung wegen Majestätsbeleidigung und Hochverrath der dänisch-schwedische Vertrag vom 7. März 1823.⁴) Auch eine Anzahl älterer österreichischer und preussischer Verträge stipuliren die Auslieferung wegen Hochverrathes. So die Verträge Oesterreichs mit Sardinien vom 6. Juni 1838, Art. 1, der Schweiz vom 14. Juli 1828, Art. 1, Toscana vom 12. October 1829, Art. 1, No. 1 und 2.⁵)⁶) So war es der Republik Krakau durch Art. 9, al. 2 der Wiener Congressacte verboten de donner aucun asyle ou protection à des transfuges, deserteurs ou gens poursuivis par la loi appartenants aux pays de l'une ou de l'autre des Puissances susdites (Russie, Autriche, Prusse).

Daneben fehlte es aber zu keiner Zeit an Beispielen dafür, dass die Auslieferung von politischer Delicte beschuldigten Individuen verweigert wurde. Dass die schweizerische Eidgenossenschaft die Auslieferung Ludlows nicht gewährte, wurde schon oben erwähnt. So verweigerte ferner der König von Schottland die von Heinrich VII. von England verlangte Auslieferung des Prätendenten Perkin Warbeck,⁷) und der König von Frankreich die Auslieferung Morgans und seiner Genossen, welche eines

---

¹) Martens, Recueil I. 641, v. Kamptz, Jahrbücher f. preussische Gesetzgebung etc. XXIV. (1824), S. 102. Vgl. auch noch andere dort angeführte Verträge.

²) Martens, Recueil VII. 279, v. Kamptz S. 102.

³) Billot, Traité de l'extradition, Paris 1874, p. 109.

⁴) Naumann in der Revue de droit intern. II. 179. Vgl. Arlia p. 78.

⁵) Diese Verträge sind abgedruckt in Maucher's Handb. des österr. Strafgesetzes über Verbrechen, 1841, I. S. 233 ff.

⁶) Nach Twiss, Law of nations 1. Aufl. I. p. 348, hatten auch einige amerikanische Staaten (Peru, Mexiko und Columbia) Verträge über die Auslieferung politischer Verbrecher geschlossen.

⁷) Clarke, Law of extradition, London 1874, p. 20, Beach Lawrence IV. 372. Ueber den ebenfalls gegen Perkin Warbeck gerichteten Intercursus magnus von 1497 vgl. das Citat aus Bacon bei Clarke p. 19 f., nach welchem die Angaben Fiore's Effetti internazionali delle sentenze e degli atti 1877 II. p. 180 (Fiore-Antoine Traité de droit pénal international et de l'extradition 1880, p. 294) zu berichtigen sind.

Complottes gegen die Regierung Elisabeths von England beschuldigt waren.[1]) Ja die Generalstaaten lehnten es sogar trotz des oben erwähnten Vertrages von 1662 im Jahre 1687 ab, den von den schottischen Gerichten geächteten, freilich nachher in den Niederlanden naturalisirten Privatsekretär Wilhelms von Oranien, den nachherigen Bischof Burnet, auf das Verlangen Jakob II. auszuliefern.[2]) Ueberhaupt scheinen die Niederlande die Auslieferung wegen politischer Delicte am consequentesten verweigert zu haben. So thaten sie dies auch gegenüber Oesterreich, als dieses 1789 die Auslieferung des Führers der Brüsseler Unruhen Hendrick's van der Noot verlangte.[3])

Trotzdem aber brach die holländische Regierung unter dem Einflusse der Politik der heiligen Allianz mit dieser Tradition, indem sie 1817 einen zur Auslieferung wegen politischer Delicte verpflichtenden Vertrag mit Hannover schloss[4]) und 1820 einige Officiere der 1. Legion de la Seine wegen ihrer Theilnahme an dem Aufstandsversuche des 19. August 1820 an Frankreich auslieferte.[5]) Selbst Russland verweigerte in einzelnen Fällen die Auslieferung, so 1756, allerdings nur infolge der energischen Intercession Friedrich II. die von Schweden verlangte Auslieferung des Grafen von Hordt. (Moser, Versuch, B. 9, C. 3, §. 4 [VI. 466] und Provô Kluit p. 63.)

Den angeführten Präcedenzfällen für Auslieferung wie für Nichtauslieferung wegen politischer Delicte liessen sich, auch bei nur flüchtiger Durchforschung der Geschichte der letzten Jahrhunderte, sicherlich noch sehr viele anreihen. Aber es hätte dies keinen juristischen Werth. Ein Grundsatz liesse sich aus ihnen nicht abstrahiren.

Nach den Stürmen der französischen Revolution suchten die tonangebenden Regierungen des europäischen Continentes noch eine Zeit lang der Auslieferung wegen politischer Delicte sich

---

[1]) Clarke p. 20.
[2]) Details über das Verfahren nach Burnet's eigener Erzählung bei Clarke p. 21 f.
[3]) Günther, Europäisches Völkerrecht in Friedenszeiten (1792) II. 347.
[4]) Le Clercq (Siegenbeck), De transfugis reddendis, Leyden 1823, p. 43.
[5]) Kluit p. 24 und 85.

als eines Mittels zu bedienen, um sich gegenseitig vor Angriffen zu schützen. Bald aber sahen sie sich doch durch die Erinnerung an die Revolution und die ihr folgenden Kriege, welche die legitimen Dynasticen von halb Europa in's Exil getrieben und ihre Anhänger in die Nothwendigkeit versetzt hatten, gegen die Verfolgung von Seite der neuen Regierungen ein Asyl im Auslande zu suchen, bestimmt, sich mit dem Gedanken des politischen Asylrechtes als eines völkerrechtlichen Principes vertraut zu machen. Schon etwas früher klingt dieser Gedanke in England in einer berühmten Rede Sir James Mackintosh' vom 1. März 1815 gegen die Auslieferung spanischer Flüchtlinge durch den Gouverneur von Gibraltar (Lewis, p. 46) an und findet in einer von Beach Lawrence (Commentaire IV, 378) mitgetheilten Note Cannings von 1825 seinen präcisen Ausdruck und in der noch in demselben Jahre erfolgten Verweigerung der Auslieferung eines an dem St. Petersburger Aufstande betheiligten Individuums an Russland[1]) seine praktische Verwirklichung. Ebenso verweigerte die Regierung des vereinigten Königreiches der Niederlande Spanien die Auslieferung mehrerer, politischer Delicte beschuldigter Personen.[2])

Der erste Schriftsteller, welcher auf dem Continente grundsätzlich und mit aller Entschiedenheit die Auslieferung wegen politischer Verbrechen verwarf, dürfte 1829 Provó Kluit gewesen sein.[3]) (Vgl. insbesondere S. 79 ff. a. a. O.) Sein Verdienst wird dadurch nicht geschmälert, dass er die für seine Zeit gewiss

---

[1]) Billot p. 108, Teichmann, Revue XI. 480. In der Correspondence respecting the expulsion of certain Cuban refugees from Gibraltar, presented to Parliament December 1882, p. 71 wird eine Instruction für den Gouverneur von Gibraltar ddo. 1. October 1831 angeführt, kraft welcher Spanier, die in politische Schwierigkeiten mit ihrer Regierung verwickelt sind, aus der Festung Gibraltar nicht ausgewiesen werden dürfen.

[2]) Provó Kluit p. 83.

[3]) Nach R. v. Mohl a. a. O. S. 678 wäre der wahre Verfasser dieser nur unter dem Namen des Doctoranden Heinrich Provó Kluit veröffentlichten Inauguraldissertation der Amsterdamer Professor V. den Tex. Noch 1823 hatte Le Clercq in seiner oben S. 31 citirten Dissertation die Sonderstellung der politischen Verbrechen völlig ignorirt. Vgl. die nur von unzufriedenen Emigranten handelnden Ausführungen desselben p. 3.

unrichtige und mit seinen weiteren eigenen Angaben nicht zusammenstimmende Behauptung aufstellt: Universe tamen civitates ejusmodi „politicis criminibus accusatorum" profugorum deditionem recusare solent. Eine feststehende Praxis gab es im Jahre 1829 hinsichtlich dieser Frage noch in keinem europäischen Staate. Während de Bonald[1]) schon 1802 die Auslieferung wegen politischer Delicte verurtheilt hatte, dachten ein Decennium später zwei tonangebende französische Criminalisten, Carnot 1812[2]) und Legraverend 1816,[3]) nicht im entferntesten daran, die Auslieferung auf gemeine Verbrechen zu beschränken. In Deutschland klingt, offenbar als Nachwirkung der Napoleonischen Wirren, der Gedanke der Nichtauslieferung wegen politischer Verbrechen m. W. zuerst bei Schmalz, Europ. Völkerrecht, 1817 an: „Wer im Eifer der Gerechtigkeit wünschen möchte, dass die Pflicht der Auslieferung solcher Verbrecher, die die gemeine Sicherheit stören, allgemein anerkannt werden möge, der bedenke auch, dass politische Ungerechtigkeit dann auch unschuldig verfolgte Männer aus ihren Zufluchtsorten reissen könnte und so der Freiheit und Unschuld das letzte traurige Mittel geraubt würde: die Flucht." Auch Tittmann in seinem Handbuche der Strafrechtswissenschaft und der deutschen Strafgesetzkunde (2. Aufl.) 1822 Th. I, §. 32 sagt, dass „wegen bloss unkluger oder anzüglicher Aeusserungen gegen das politische System eines (fremden) Staates oder gegen öffentliche Einrichtungen desselben u. s. f. eine Auslieferung so leicht nicht stattfindet." Trotzdem blieb es Frankreich vorbehalten, die Nichtauslieferung wegen politischer Verbrechen als einen Grundsatz der praktischen Politik und des praktischen Rechtes zu verwirklichen. Es geschah dies unter der Regierung eines Königs, welcher den grössten Theil seines Lebens im Exil verbracht, welcher das Asylrecht beider Hemisphären genossen

---

[1]) Legislation primitive L. II. ch. 17, §. 6 (T. II. p. 106) „L'extradition ne doit pas être accordée pour des délits locaux et politiques, et si le droit d'asile n'est pas attaché aux temples, l'Univers entier est un temple pour l'homme infortuné."

[2]) De l'instruction criminelle I. p. 53: „Lorsqu'il s'agit d'un crime d'Etat, l'extradition ne se refuse jamais, si les puissances ne sont pas en guerre."

[3]) Traité de la législation criminelle en France I. p. 85.

hatte.¹) Aber schon vor der Julirevolution hatte der Anerkennung des Grundsatzes der Nichtauslieferung wegen politischer Delicte, weit mehr als seine Vorkämpfer in Parlament und Presse. Benjamin Constant und der „Constitutionel", ein schnöder Missbrauch des Vertrauens, dessen sich die neapolitanische Regierung schuldig gemacht, vorgearbeitet. Ein neapolitanischer Officier. Antonio Galotti, war zu den Carbonaris übergetreten und hatte sich an der Revolution des Jahres 1820 betheiligt. Nach Wiederherstellung der bourbonischen Macht in contumaciam zum Tode verurtheilt, flüchtete er nach Corsica. Der neapolitanische Gesandte in Paris, Prinz Castelciala, ersuchte um die Auslieferung Galottis wegen Diebstahl und Körperverletzung, indem er auf Verlangen der französischen Regierung eine ausdrückliche Erklärung abgab, dass die Galotti zur Last gelegten Thaten keinen politischen Charakter an sich trügen. Mit Rücksicht darauf wurde die Auslieferung gewährt, diese Gewährung aber sofort, noch bevor Galotti nach Neapel zurückgebracht worden, auf die Nachricht, dass trotz der Versicherung des Gesandten die ihm zur Last fallenden Verbrechen in Wahrheit solche von durchaus politischer Natur seien, widerrufen. Die Contreordre aber vermochte das Schiff, auf welchem Galotti nach Neapel zurückgebracht wurde, nicht mehr auf See zu erreichen. Nachdem er bereits in der Gewalt der neapolitanischen Regierung war, verweigerte diese seine Restitution. Aber das Ministerium Martignac verschaffte, durch eine Interpellation in der Kammer am 9. Juli 1829 gedrängt, seiner Forderung durch Entsendung von Kriegsschiffen in die neapolitanischen Gewässer solchen Nachdruck, dass die neapolitanische Regierung sich mit der Verurtheilung Galotti's zu zehnjähriger Deportation begnügte. (14. October 1829.)

Selbst das Ministerium Polignac liess nicht ab, sich für eine Milderung des Loses Galotti's zu verwenden und endlich, im October 1830, gelang es der Regierung Ludwig Philipps, die

---

¹) Zu allgemein aber ist es, wenn Hoseus a. a. O. S. 1048 sagt, dass der Grundsatz der Nichtauslieferung wegen politischer Verbrechen überhaupt erst von 1830 datire.

Freilassung Galotti's zu erwirken.¹) Die Erfahrungen des Falles Galotti mögen es wohl gewesen sein, welche die französische Regierung unmittelbar nach der Julirevolution, noch in der ersten Hälfte des Jahres 1831, zu dem übereilten, sonst unbegreiflichen Entschlusse bestimmt hatten, in Zukunft Auslieferung flüchtiger Verbrecher grundsätzlich weder zu verlangen noch zu gewähren und in Folge dieses Entschlusses zunächst den mit der Schweiz bestehenden Auslieferungsvertrag zu kündigen.²)

Doch bald erkannte die französische Regierung das Unvernünftige einer völligen Verwerfung des Rechtsinstitutes der Auslieferung und machte in dieser Erkenntnis der Schweiz den Vorschlag, aus der Liste jener Verbrechen, wegen welcher beide Theile nach dem Vertrage vom 18. Juli 1828 (s. oben S. 30) verpflichtet waren, sich Auslieferung zuzugestehen, die crimes contre la sûreté de l'Etat zu streichen, im übrigen aber den gedachten Vertrag wieder in Kraft zu setzen (5. Juni 1832). Dieser Vorschlag wurde denn auch von dem schweizerischen Bundesdirectorium angenommen und der neue, dem französischen Antrage gemäss abgefasste Vertrag trat am 30. September 1833 in Wirksamkeit.³)

---

¹) Nestor Treitt's Bericht im Report from the Select Committee on Extradition 1868, p. 161; vgl. Mr. Stansfeld's minder genaue Erzählung des Falles im Report, qu. 1332.

²) Mangin, Traité de l'action publique et de l'action civile en matière criminelle, No. 74 (I. p. 144 der Ausgabe von 1837). Nach Seruzier, Examen du projet de loi sur l'extradition, Paris 1880, p. 9 ist der betreffende Beschluss des Ministerrathes noch im Februar 1831 gefasst und am 8. April 1831 vom Minister der auswärtigen Angelegenheiten Sebastiani (wie es scheint den französischen Gesandten bei jenen Mächten, mit welchen Frankreich Auslieferungsverträge hatte) mitgetheilt worden. Der wahrscheinliche Zusammenhang dieses Beschlusses mit der Affaire Galotti wird aber auch von Seruzier nicht berührt, sodass auch nach seiner Darstellung der Vorgang unerklärt bleibt.

³) Vgl. die zwischen dem französischen Gesandten in der Schweiz und dem Bundesdirectorium ausgetauschten Deklarationen bei Billot, p. 109 f.

IV.
Weiterentwicklung und Verbreitung des Grundsatzes seit 1830.

Die Streichung der politischen Delicte aus der Liste derjenigen, wegen welcher nach bestehenden Verträgen Auslieferung gewährt werden sollte und die Auslassung derselben aus der Aufzählung der Auslieferungsdelicte in neu abgeschlossenen Verträgen[1]) genügte für den Fall, dass dem von einem fremden

---

[1]) Meines Wissens besteht nirgends mehr ein Vertrag in Rechtskraft, welcher Hochverrath oder ein sonstiges specifisch politisches Delict unter den Auslieferungsdelicten nennen würde, es wäre denn der von Naumann in seinem Aufsatze in der Revue de droit international II. 179 erwähnte dänisch-schwedische Vertrag von 1823, dessen jedoch Goos, Den danske Strafferet, Kjöbenhavn 1878, II. 126, nicht gedenkt, weshalb ich glauben möchte, dass er seither ausser Kraft gesetzt worden ist. Jedenfalls ist auch im Verhältnisse dieser beiden Staaten nach Naumann's Zeugnisse selbst die Auslieferung wegen Hochverrathes längst unpraktisch geworden. Alle geltenden Auslieferungsverträge schliessen also die specifisch politischen Delicte wenigstens stillschweigend von der Auslieferung aus. Ebenso sind die besonderen Standesdelicte der Beamteten aus der Liste der Auslieferungsverbrechen ausgeschlossen. Wenn aber ein Beamteter im Amte eine That verübt, welche auch an einem Nichtbeamteten strafbar wäre, so unterliegt er wegen derselben der Auslieferung sowie jeder andere Thäter. Eine Ausnahme hiervon statuirt der belgisch-italienische Vertrag Art. II. No. 10 hinsichtlich der Attentate auf die individuelle Freiheit und die Unverletzlichkeit des Hausrechtes, indem er wegen dieser Delicte zur Auslieferung nur dann verpflichtet, wenn dieselben von Privatpersonen (par des particuliers) verübt wurden. Die weitaus überwiegende Mehrzahl der Verträge schliesst die Anwendbarkeit derselben auf politische Delicte übrigens ausdrücklich aus. M. W. gilt das Gegentheil nur von einigen älteren Verträgen der Vereinigten Staaten von Nordamerika (so von dem mit Oesterreich von 1856, mit Grossbritannien von 1842, mit

Staate requirirten Individuum nur ein politisches Verbrechen zur Last gelegt war; sie schloss aber die Auslieferung dessen nicht aus, der in idealer oder in materieller Concurrenz neben einem politischen auch noch eines anderen, zur Auslieferung verpflichtenden Verbrechens beschuldigt wird. Um nun der Gefahr vorzubeugen, dass ein flüchtiger politischer Gegner, wie im Falle Gallotti's, eines gemeinen Verbrechens fälschlich beschuldigt werde, um auf Grund dieser Beschuldigung seine Auslieferung zugestanden zu erhalten und den Ausgelieferten dann wegen des ihm in Wahrheit allein zur Last fallenden politischen Verbrechens zu verfolgen, nahm Belgien in sein Gesetz vom 1. October 1833 unter die Bedingungen, unter welchen Auslieferungsverträge abgeschlossen und einzelne Auslieferungen zugestanden werden dürfen, auch die Clausel auf: Il sera expressément stipulé, que l'étranger ne pourra être poursuivi ou puni pour aucun délit politique antérieur à l'extradition ni pour aucun fait connexe à un semblable délit,[1]) ein Clausel, welche sofort auch in dem **französisch-belgischen** Auslieferungsvertrage vom 22. November 1834 Aufnahme fand.[2]) Doch auch diese Clausel schien nicht für alle Eventualitäten auszureichen. Während sie dem requirirenden Staate das Recht, den Ausgelieferten wegen eines mit dem gemeinen Delicte realiter concurrirenden politischen Verbrechens zu verfolgen, geradezu absprach, liess sie es zweifelhaft, ob nicht der requirirte Staat in jenen Fällen, in welchen ein gemeines und ein politisches Verbrechen idealiter concurrirten (wie wenn ein gemeines Verbrechen als Mittel zur Ausübung

---

Preussen von 1852, mit Baiern von 1853), von den Verträgen Dänemarks mit Russland von 1866 und mit den Niederlanden von 1877 (Goos, den danske Strafferet II. 126), von dem 1860 erneuerten Vertrage Russlands mit Schweden (vgl. Naumann in der Revue de dr. intern. II. 179, Teichmann a. a. O. XI. 479, Stieglitz, Etude sur l'extradition, Paris 1873, p. 91 und Calvo II. §. 1247), dessen die Erläuterungen zum Entw. eines russischen St. G. B. S. 55 übrigens nicht gedenken.

[1]) Goddyn et Mahiels, Le droit criminel belge au point de vue international, Bruxelles 1880, p. 269.

[2]) Billot p. 111; der citirte Artikel des belgischen Auslieferungsgesetzes von 1833 bleibt auch nach dem neuen Auslieferungsgesetze vom 15. März 1874 (Goddyn et Mahiels p. 269 ff.) Art. 12 in Kraft.

eines politischen Verbrechens unternommen worden war), dennoch
zur Auslieferung verpflichtet sei, da ja jenes gemeine Verbrechen,
dessen Merkmale die That ebensowohl an sich trug, als die des
von der Auslieferung ausgenommenen politischen Verbrechens,
zur Auslieferung verpflichtete.[1]) Auch dieser Zweifel wurde dadurch abgeschnitten, dass man der oben erwähnten Clausel die
andere voranschickte: Les crimes et délits politiques sont exceptés de la présente convention, denn diese Clausel konnte mit
Rücksicht darauf, dass specifisch politische Delicte ohnedies in
den Verträgen nicht aufgezählt werden und der Grundsatz gilt,
dass nur wegen der aufgezählten Delicte die Auslieferung gewährt
werden müsse, keinen anderen Sinn haben, als den, dass, wenn
ein Delict, welches in der Liste derjenigen enthalten ist,
die zur Auslieferung verpflichten, im einzelnen Falle
sich nach Auffassung des requirirten Staates als ein
politisches darstellt, der requirirte Staat trotzdem zur Auslieferung nicht verbunden ist. Diese vervollständigte Clausel
findet sich m. W. zuerst im französisch-sardinischen Vertrage vom 23. Mai 1838 (Billot p. 111), aus welchem sie, im
Wesen unverändert, in die Mehrzahl aller seither abgeschlossenen
Verträge überging. Als Grundsatz für die Abschliessung künftiger
Verträge findet sie sich im englischen Gesetze von 1870, 33
a. 34. Vict. c. 52[2]), in dem von M. Dufaure dem französischen
Senate vorgelegten Entwurfe eines Auslieferungsgesetzes[3])[4]) und

[1]) Ueber die Begriffe der realen und idealen Concurrenz vgl. unten S. 66 ff.

[2]) Sect 3, 1° A fugitive criminal shall not be surrendered, if the offence
in respect of which his surrender is demanded is one of a political character,
or if he prove to the satisfaction of the police magistrate or the court, before
whom he is brought on habeas corpus, or to the Secretary of State, that the
requisition for his surrender has in fact been made with a view to try or
punish him for an offence of a political character. 2° A fugitive criminal
shall not be surrendered to a foreign State, unless provision is made by the
law of that State, or by arrangement, that the fugitive criminal shall not,
until he has been restored or had an opportunity of returning to Her Majesty's
dominions, be detained or tried in that foreign State for any offence committed prior to his surrender other than the extradition crime proved by the
facts on which the surrender is grounded.

[3]) Journal officiel de la république française, 16. mai 1878.

[4]) Als eine Directive für die Entscheidung der einzelnen Fälle eines

in dem Entwurfe eines St. G. B. für Italien.¹) Hingegen wurde die Aufnahme eines allgemeinen Satzes, dass wegen politischer Delicte eine Auslieferungspflicht nicht übernommen werden dürfe, abgelehnt bei der Berathung des niederländischen Auslieferungsgesetzes vom 6. April 1875.²)

Die conservativen Mächte Centraleuropas haben der Ausschliessung politischer Delicte von der Auslieferung zwar eine Zeit lang widerstrebt, aber nach 1848 ihren Widerstand allmälig aufgegeben.³)

Für die Staaten des deutschen Bundes hatten die Bundesbeschlüsse vom 5. Juli 1832 und vom 18. August 1836 die Auslieferung derjenigen, welche der im Auslande erfolgten Verübung eines politischen Verbrechens gegen einen Bundesstaat bezichtigt wurden, zur Pflicht gemacht. Im Verhältnisse zwischen Oesterreich und Deutschland ist diese Verpflichtung durch die Auflösung des deutschen Bundes hinfällig geworden.⁴)

Im Verhältnisse der deutschen Staaten unter einander traten zunächst vorübergehend die Normen des Rechtshilfegesetzes vom 21. Juni 1869 §. 25 in Kraft, bis infolge der Schaffung eines einheitlichen Strafgesetzes für das deutsche Reich und

---

Auslieferungsbegehrens findet sich der Grundsatz bereits in dem Circulär des Justizministers Martin du Nord an die Generalprocuratoren vom 5. April 1841 §. 2 (bei Billot p. 417).

¹) Art. 9, §. 2 des Entwurfes Vigliani (1874) und, wörtlich übereinstimmend, derselbe Artikel des Entwurfes Mancini (1876): L'estradizione dello straniero non può essere nè offerta nè consentita se non per ordine del governo del re e non è mai ammessa per reato politico nè per fatti connessi col medesimo.

²) Coninck-Liefsting a. a. O. p. 6 ff. In Zusammenhang damit steht es auch, dass die Niederlande auch in neuerer Zeit noch Auslieferungsverträge abgeschlossen haben, in welchen die politischen Delicte nicht ausdrücklich ausgenommen sind.

³) Instructiv für ihre Auffassungen sind ein mit vielem Talente geschriebener Artikel im „Oesterreichischen Beobachter" No. 36 von 1824 und die Darstellung v. Kamptz' in seinen Jahrbüchern für preussische Gesetzgebung XXIV. (1824) S. 90 ff. (an welchem Orte S. 94 ff. auch der eben erwähnte Artikel des „Oesterr. Beobachters" sich abgedruckt findet).

⁴) Vgl. hierüber den Erlass des österreichischen Justizministeriums vom 7. December 1870, Z. 14158 bei Starr, die Rechtshilfe in Oesterreich gegenüber dem Auslande, 279 und auch Hetzer, deutsche Auslieferungsverträge S. 1 und 39.

später einer einheitlichen Strafprocessordnung auf alle im deutschen Reiche verübten Verbrechen, also auch auf die politischen, die allgemeinen Grundsätze über im Inlande verübte Verbrechen in Anwendung kamen, wodurch die Frage nach Auslieferung oder Nichtauslieferung wegen derselben von selbst entfiel.[1]) Der letzte Fall einer Anwendung des oben erwähnten Bundestagsbeschlusses ist vielleicht die Auslieferung des Grafen Téleki von Sachsen an Oesterreich gewesen (21. December 1860).[2])

Ebenso ist die auf den Münchengräzer Beschlüssen beruhende Vereinbarung zwischen Oesterreich, Preussen und Russland über gegenseitige Auslieferung der eines Hochverrathes, einer Majestätsbeleidigung oder der bewaffneten Empörung wider eine der drei Mächte beschuldigten Individuen (in Oesterreich kundgemacht durch das Patent vom 4. Jänner 1834 No. 2637 J. G. S., in Preussen durch das vom 15. März 1834 G. S. S. 21) wohl schon durch längere Zeit unpraktisch gewesen[3]), als sie im Verhältnisse Oesterreichs zu Russland noch durch den Auslieferungsvertrag von 1874 Art. 4 ausdrücklich aufgehoben wurde.

Noch im August 1849 haben Oesterreich und Russland auf Grund der Verträge von Passarowitz (1718), Belgrad (1739) und Sistowa (1793) bez. von Kutschuk-Kainardji (1774) von der Pforte die Auslieferung jener 5000 österreichischen und russischen Unterthanen, welche nach Niederwerfung des ungarischen Aufstandes sich auf türkisches Gebiet geflüchtet hatten, oder doch wenigstens die Auslieferung der Führer des ungarischen Aufstandes verlangt. Aber die Pforte weigerte sich, diesem Begehren Folge zu geben. In der That enthält der Vertrag von Kainardji Art. 2 nur die Verpflichtung, diejenigen, welche sich nach Verübung eines Capitalverbrechens oder, nachdem sie sich eines

---

[1]) Vgl. die Motive zum Entwurfe des deutschen Gerichtsverfassungsgesetzes §. 133 f. (§. 157 ff. des Gesetzes) und Hetzer a. a. O. S. 2.

[2]) Vgl. Ott in seiner Ausgabe von Klüber's droit des gens, p. 87 note; Beach Lawrence IV. 375 erwähnt dieses Falles unter dem irrigen Namen Graf Felke.

[3]) Für Preussen gilt dieser Vertrag als stillschweigend erloschen; er ist auch in die officielle Sammlung der deutschen Auslieferungsverträge (Berlin. Decker, 1875) nicht aufgenommen. Vgl. Hetzer a. a. O. S. 39 und 42.

Ungehorsams oder eines Hochverrathes schuldig gemacht, in dem Gebiete des anderen Staates verbergen oder dort ein Asyl suchen wollten, entweder auszuliefern oder (doch offenbar nach Wahl des requirirten Staates) aus dem Zufluchtsstaate auszutreiben. Und die Verträge von Passarowitz Art. 14 und Belgrad Art. 18, Verträge, welche eine ganz andere Stellung der Justiz voraussetzten, als sie ihr in der Mitte unseres Jahrhunderts zukam, indem sie offenbar ein Recht der Executive, ohne ein vorhergehendes Gesetz willkürliche Strafen zu verhängen, annahmen, bestimmten nur, dass die contrahirenden Mächte schlechten Menschen, rebellischen Unterthanen und Unzufriedenen keine Schlupfwinkel und keine Unterstützung gewähren dürfen, sondern dergleichen Menschen ebenso wie alle Räuber, mögen sie auch Unterthanen des anderen Staates sein, sobald sie solche auf ihrem Gebiete betreten, mit der verdienten Strafe belegen müssen.[1])

Da die Regierung der Pforte durch die entschiedene Haltung Englands und Frankreichs in ihrer Auffassung der Verträge bestärkt wurde, gaben sich Oesterreich und Russland denn auch mit der Internirung der Führer des Aufstandes in Kleinasien zufrieden und verzichteten auf deren Auslieferung.[2])

Im Laufe der Verhandlungen über diese Frage war es, dass Lord Palmerston in seinen identischen Noten an die britischen Botschafter in St. Petersburg und in Wien ddo. 6. October 1849 sein berühmtes Verdammungsurtheil über die Auslieferung wegen politischer Delicte fällte: If there is one rule, which more than

---

[1]) „Maneat porro illicitum, futuris quoque temporibus receptaculum vel fomentum dare malis hominibus, rebellibus subditis aut male contentis, sed ejusmodi homines et omnes praedones, raptores, etiamsi alterius partis subditi sint, quos in ditione sua deprehenderint, merito supplicio afficere utraque pars adstricta sit." etc.   Belgrader Frieden vom 18. September 1739 Art. 18 (Wenk, Codex juris gentium I. 351). Auch Vesque v. Püttlingen, Handbuch des in Oesterreich-Ungarn geltenden internationalen Privatrechts, Wien 1878, S. 549, anerkennt, ebenso wie Starr a. a. O. S. 335, welcher ausführt, Oesterreich besitze mit der Türkei keinen Auslieferungsvertrag, damit ganz bestimmt, dass dieser Vertrag keine Auslieferungspflicht statuire.

[2]) Ebenso hatte die Pforte schon 1718 die Auslieferung des jüngeren Rákóczy verweigert und nur dessen Internirung zugestanden (Krones, Geschichte Oesterreichs IV. 120).

another has been observed in modern times by all independent States, both great and small, of the civilized world, it is the rule, not to deliver up political refugees, unless the State is bound to do so by the positive obligations of a treaty; and Her Majesty's government believe that such treaty engagements are few — if indeed any such exist. The laws of hospitality, the dictates of humanity, the general feelings of mankind, forbid such surrenders; and any independent Government, which of its own free will were to make such a surrender, would be deservedly and universally stigmatized as degraded and dishonoured.[1])

Allerdings lässt sich nicht leugnen, dass jenes Anathem, welches Palmerston mit diesen Worten über die Auslieferung wegen politischer Delicte in die Welt schleuderte, den damaligen Anschauungen der grossen Continentalmächte durchaus nicht entsprach. Aber der grosse britische Staatsmann ist mit diesem Ausspruche nur den Vorstellungen der Zeitgenossen vorausgeeilt. Seine These ist seither allerdings zu einem Axiom des Völkerrechtes geworden.

Heutzutage anerkennen alle Staaten, dass Auslieferung nur wegen gemeiner Verbrechen pflichtmässig sei. Nur im Verhältnisse von **Peru und Frankreich** und im Verhältnisse von **Italien und San Marino** zu einander wäre es möglich, auch an eine Auslieferung politischer Verbrecher zu denken. Auffallender Weise verpflichtete sich nämlich nach dem Auslieferungsvertrage zwischen Frankreich und Peru vom 30. September 1874 (publicirt in Frankreich am 22. Jänner 1876)[2])

---

[1]) Correspondence respecting refugees from Hungary within the Turkish dominions presented to Parliament February 28th 1851, No. 19 and 20.

Die Behauptung, dass die österreichische Regierung die Auslieferung Kossuth's insbesondere deshalb verlangt habe, weil er des Diebstahls — der ungarischen Kroninsignien verdächtig sei (Vgl. Report on extradition qu. 493 und Renault, Crimes politiques p. 16, der, wohl in irriger Uebersetzung des englischen Terminus regalia of the crown of Hungary, von einer appropriation frauduleuse des révenus de la couronne de Hongrie spricht) findet in dieser Correspondenz nicht den geringsten Beleg und es ist kaum anzunehmen, dass Palmerston sich ein so drastisches Argument für die mala fides des Begehrens der verbündeten Grossmächte hätte entgehen lassen, wenn dasselbe in den Thatsachen begründet gewesen wäre.

[2]) S. den Vertrag bei **Fiore** (ed. Antoine) p. 894.

Art. II. No. 23 die peruanische Regierung zur Auslieferung wegen évasion des individus transportés à la Guyane ou à la Nouvelle Calédonie, obwohl einige der neucaledonischen Strafcolonien, so die auf der Halbinsel Ducos, der île des Pins und auf der île Maré nach dem Gesetze vom 23. März 1872[1]) ausschliesslich zur Aufnahme der wegen politischer Delicte zur Deportation Verurtheilten bestimmt sind. Allerdings enthält auch dieser Vertrag, Art. 7, die Bestimmung: „Les crimes et délits politiques sont exceptés de la présente convention." Aber kann man sagen, dass der wegen eines politischen Verbrechens Deportirte, indem er flüchtet, sich eines politischen Verbrechens schuldig macht? Enthält die Ausnahme des Art. 7 daher eine Beschränkung des Art. 2, No. 23? Zweifelhaft scheint es auch zu sein, ob nicht der Auslieferungsvertrag Italiens mit der Republik von San Marino vom 4. Mai 1862 dahin interpretirt werden müsse, dass auch politische Delicte eine Auslieferungspflicht begründen.[2]) Es wäre dies mit Rücksicht auf die geographische und politische Lage San Marino's ganz begreiflich. Abgesehen von diesem letzteren Falle wird selbst im Verhältnisse zwischen jenen Staaten, deren Auslieferungsverträge die politischen Delicte nicht ausdrücklich ausnehmen (s. oben S. 36 Anm.) eine Auslieferung wegen politischer Delicte nicht zugestanden werden. Und ebenso wird die Anordnung des §. 39 des österreichischen St. G. B. inbetreff des obligatorischen Anerbietens der Auslieferung in Oesterreich betretener auswärtiger Verbrecher allgemein nur unter der stillschweigenden Beschränkung auf die Urheber nicht politischer Verbrechen verstanden.[3])

Was Oesterreich betrifft, so war der heute nicht mehr geltende Vertrag von 1853 mit Belgien der erste, welcher die politischen Delicte ausdrücklich ausnahm, während noch der 1852 abgeschlossene, ebenfalls ausser Kraft getretene Vertrag mit den Niederlanden derselben nicht gedachte. Preussen hingegen hatte schon früher, 1836 mit Belgien (v. Bar, Internationales Privat-

---
[1]) Vgl. Ortolan, Eléments de droit pénal ed. 1875 II. p. 124 (No. 1523).
[2]) Vgl. Arlia p. 21.
[3]) Vesque v. Püttlingen S. 518.

recht, S. 595, Anm. 11), 1845 mit Frankreich, 1850 mit den Niederlanden, Verträge abgeschlossen, in welchen die politischen Delicte ausdrücklich ausgenommen wurden.[1]) Und so findet sich eine, die politischen Delicte ausschliessende Clausel in allen vom **deutschen Reiche** abgeschlossenen Verträgen, in allen geltenden **österreichischen** und **englischen** Verträgen mit Ausnahme jener mit den Vereinigten Staaten von Nordamerika, in allen **belgischen**, in allen in Kraft stehenden **italienischen** Verträgen mit Ausnahme dessen mit China und in allen geltenden **französischen**, ausgenommen jene mit China, Siam, Annam und dem Howastaate auf Madagascar. Die Auslassung in den letztgedachten Verträgen hat wohl nur den Grund, dass den betreffenden Regierungen der Sinn dieser Clausel kaum wäre verständlich zu machen gewesen. Fiore und Antoine[2]) stimmen denn auch darin überein, dass Italien und Frankreich den genannten Staaten die Auslieferung politischer Flüchtlinge ebenso verweigern würden, wie dies England China gegenüber gethan. obwohl der Vertrag von Tientsin eine Ausnahme der politischen Delicte ebenfalls nicht enthält. So ist denn die Ausschliessung der politischen Delicte aus der Zahl jener, wegen welcher Auslieferung stattfindet, heutzutage unbestreitbar gemeines Recht aller civilisirten Völker.[3])

---

[1]) Vergl. die beiden letzteren Verträge in der amtlichen Sammlung der deutschen Auslieferungsverträge (Berlin, Decker, 1875) S. 96 und 109. Der Vertrag mit Belgien ist durch den Abschluss des Auslieferungsvertrages zwischen Belgien und dem deutschen Reich ausser Kraft getreten.

[2]) Fiore, Traité de droit pénal international et de l'extradition, traduit par Ch. Antoine No. 400, note 2 und 2 bis.

[3]) Dass wegen politischer Delicte Auslieferung nicht stattfinde, ist auch in der Theorie des Völkerrechtes allgemein anerkannt. Dollmann stand mit seiner Ansicht, dass der in Rede stehende Grundsatz weder juristisch noch politisch gerechtfertigt sei, (Staatswörterbuch v. Bluntschli und Brater I. verb: „Auslieferung") bis vor kurzem ganz vereinzelt da.

V.
Neuerliche Opposition gegen den Grundsatz.

In neuester Zeit ist in Folge einiger unerträglicher Consequenzen des Grundsatzes der Nichtauslieferung wegen politischer Delicte, auf welche wir weiter unten aus Anlass eines Vorschlages zu ihrer Abhilfe zu sprechen kommen werden, eine rückläufige Bewegung gegen ihn eingetreten. So berechtigt dieselbe insoweit ist, als sie einige, die Gerechtigkeit verletzende Folgerungen aus diesem Grundsatze abzuschneiden sucht, scheint sie mir doch darin in einer Täuschung befangen, dass sie von der Möglichkeit träumt, in absehbarer Zukunft die Auslieferung wegen politischer Delicte grundsätzlich zugestehen zu können. Für zwei offenbar sehr verschiedene Verfassungsformen hegen Mailfer[1]) und Bernard a. a. O. II. 250 ff. diese Hoffnung. Beide Schriftsteller sehen vor sich eine sonnenhelle Zukunft des Menschengeschlechtes, in welcher die Leidenschaften der Regierten und der Regierenden so abgeklärt sind, dass zu jenem Misstrauen, aus welchem der Grundsatz der Nichtauslieferung politischer Verbrecher entstanden, fürderhin kein Anlass wäre.[2]) Der alte Traum vom ewigen Frieden! Aber

---

[1]) Ich kenne Mailfer's Werk De la démocratie dans ses rapports avec le droit international 1875 nur aus den Citaten bei Bernard und Weiss, Etude sur les conditions de l'extradition, Paris 1880, p. 148.

[2]) Auch Berner, Wirkungskreis des Strafgesetzes S. 192 und Teichmann, Revue de dr. intern. XI. 516 neigen dieser Anschauung zu. Ebenso unter den Deutschen v. Liszt, a. a. O. S. 65 u. 74 und Stenglein, Verh. des XVI. deutschen Juristentages II. S. 311. Vgl. dagegen Renault, Crimes politiques p. 12 f.

Die Weltgeschichte spottet jener Sagen
Der blassen Friedensdichter, dass ein Hirt
In ferner Zeit, in blauen Zukunftstagen
Ein Schwert, versteckt in Rosen finden wird,
Ein blüthumranktes, wunderliches Eisen,
Nur fast zu schwer für eine Menschenhand,
Dess' einst'ger Zweck und Nutz' sogar den Weisen,
Den Aeltesten im Volke unbekannt.
So lang des Zeitenwebstuhls Arme weben,
So lang die Menschheit lebt von Pol zu Pol,
Bleibt Trauerspiel das grosse Völkerleben
Und hat ein Schwert zum ewigen Symbol!

(Alfred Meissner.)

Es ist begreiflich, dass Autoren, welche der Auffassung zuneigen, dass der Satz, wegen politischer Delicte finde Auslieferung nicht statt, nur in vorübergehenden Verhältnissen und Anschauungen wurzle, darnach streben, diesen Satz, so lange er noch gilt, in seiner Anwendung möglichst einzuschränken. Nun lässt es sich freilich nicht leugnen, dass dieser Satz, wie so mancher andere des modernen Staatsrechtes, dadurch dass man ihn als Axiom behandelte und von seinen Gründen loslöste, in seiner Anwendung oft überspannt wurde.

Im allgemeinen behalten zwar die im ersten Capitel entwickelten Gründe für die Ausschliessung der politischen Delicte aus der Reihe jener, wegen welcher ausgeliefert wird, ihre Kraft auch dann, wenn der in Rede stehende Angriff auf die politischen Institutionen eines fremden Staates durch solche Thätigkeiten verwirklicht wurde, welche schon an und für sich, abgesehen von dem politisch destructiven Zwecke, von den Strafgesetzen verpönt sind. Ein politischer Kampf wird eben seiner Natur nach, wenn er einen Erfolg ernstlich anstrebt, in aller Regel nicht bloss mit Reden und Schriften geführt werden können.

„Von der Studierstube oder von dem Bankettsaale aus werden nur ausnahmsweise Throne gestürzt oder Verfassungen geändert und ohne ein paar gebrochene Spiegelscheiben oder eingeschlagene

Schädel pflegt's dabei nicht abzugehen."[1]) Schon F. Helie hat (Traité de l'instruction criminelle 1846, II. p. 688 f.) darauf hingewiesen, dass auch in diesen Fällen die That nicht mit jener unwandelbaren Verwerflichkeit behaftet ist, welche den Thäter für alle Nationen proscribirt, dass das politische Element, ohne sie zu entschuldigen, ihre Tragweite und ihre Gefahren (für den Zufluchtsstaat) vermindert, dass auch in diesem Falle dieselbe Unsicherheit wie in dem eines rein politischen Delictes den Thatbestand verdunkelt, dieselbe Leidenschaftlichkeit die Justiz (des requirirenden Staates) verdächtig erscheinen lässt.[2])

Wenn es sich um Missethaten von besonderer Schwere handelt, schaudert das moderne Bewusstsein vor dem Gedanken zurück, als könnte vielleicht die Rücksicht auf den der Billigung und Bewunderung würdigen letzten Zweck der That ihren Urheber vor der Strafe schützen, die er für das von ihm angewendete Mittel verdient. Dieser Schauder ist vielleicht der grösste Culturfortschritt seit der Zeit der Renaissance. Wohl gibt es auch jetzt noch einzelne hinter ihrer Zeit zurückgebliebene Individuen, welche dieses Culturfortschrittes nicht theilhaftig geworden. Aber kaum fassbar ist es uns heute, dass Männer, welche auf einem der edelsten Gebiete menschlichen Strebens

---

[1]) v. Liszt a. a. O. S. 74. Auch Ch. Brocher und Renault in ihren Referaten für das Institut de droit international (Annuaire 1879—1880 I. p. 215 und 1881 p. 84) heben hervor, dass ein politisches Delict nur in den seltensten Fällen bloss politische und nicht auch andere Rechte verletzt oder gefährdet.

[2]) In allerjüngster Zeit hat allerdings Bernard ganz vereinzelt den Satz aufgestellt, dass, solange nicht die von ihm angestrebte Einigung über ein Weltauslieferungsrecht auf einem internationalen Congresse stattgefunden habe, jeder Staat berechtigt sei, Auslieferung derjenigen, welche sich nach seiner (des requirirenden Staates) Auffassung eines nicht politischen Delictes schuldig gemacht haben, von dem Zufluchtsstaate zu verlangen (II. p. 265 ff.) und dass ihm dieses Recht auch insbesondere hinsichtlich derjenigen zustehe, welche sich eines gemeinen Delictes zu politischen Zwecken bedient haben. (II. p. 272 ff. und 664). Es ist überflüssig gegen einen Vorschlag zu polemisiren, welcher die gesammte geschichtliche Entwicklung des Rechtsinstitutes gegen sich hat. Ueber die das politische Verbrechen nicht unmittelbar berührenden „übereilten" Beschlüsse des deutschen Juristentages vgl. v. Bar, Gerichtssaal 1883 S. 481 ff. und Geyer, Zeitschr. f. d. gebildete Welt III. 105 ff.

das Höchste geleistet haben, deren Innigkeit des Empfindungslebens noch nach Jahrhunderten aus jenen Werken bildender Kunst zu uns spricht, welche sie uns als das beste Erbtheil jener dunklen Zeiten hinterlassen, in Freundschaft leben konnten mit jenen italienischen Fürsten, an deren Thaten wir nur mit Schauder zu denken vermögen. Wie jener Genius, der den Typus des letzten Abendmahles geschaffen, im Dienste und in der Freundschaft Cesare Borgia's leben konnte, ist für uns eines der Räthsel der Weltgeschichte, während wohl selbst der Meister der sixtinischen Madonna kaum etwas Erstaunliches daran gefunden haben dürfte. Man muss sich aber hüten, diese Wandlung der Anschauungen, diese Milderung der Gesinnungen zu überschätzen. Die Gewaltthaten spielen auch im modernen Leben eine erste Rolle. Nur verlangt unser Bewusstsein, soll es sie ertragen, Offenheit ihrer Verübung. Wir verurtheilen den Mord, aber wir billigen mit aller Entschiedenheit die Tödtung im Kriege und vermögen die im Duell nicht ernstlich zu missbilligen.

Und so missbilligt unser Bewusstsein auch Gewaltthaten im Bürgerkriege und im Aufstande, soferne sie im offenen und ehrlichen Kampfe erfolgen, nicht unbedingt.

Deshalb kann auch das Recht der unbetheiligten Staaten die Urheber solcher Gewaltthaten nicht unterschiedslos als Verbrecher brandmarken, sondern es muss der Thatsache Rechnung tragen, dass die Völker sie oft als Erlöser und Märtyrer verehren. Und so kommt es, dass die Beurtheilung politischer Verbrecher gegen fremde Staaten nicht bloss durch die Rücksicht auf die für das Strafrecht relevanten Qualitäten und Relationen ihres Verhaltens, sondern auch durch die Rücksicht auf andere, ausserhalb des criminalistischen Thatbestandes liegende Umstände, auf die Anlässe, Motive und Zwecke der betreffenden Unternehmungen bedingt ist. Es ist zwar allgemein anerkannt, dass derjenige, welcher im Inlande um der Erreichung eines politischen Zweckes im Auslande willen, jemanden ermordet, oder bestiehlt, wegen Mordes oder Diebstahls verfolgt werden müsse. (Vgl. auch meine citirte Abhandlung in der Zeitschrift f. Strafrechtswissenschaft III p. 412.)

Daraus scheint sich die Folgerung zu ergeben, dass auch derjenige, der eine That dieser Art im Auslande verübt hat, entweder im Inlande bestraft oder vom Inlande ausgeliefert werden müsse.

Wenn wir aber die beiden Fälle näher mit einander vergleichen, so werden wir finden, dass sie keineswegs so völlig analog sind, als sie auf den ersten Blick scheinen. Der Umstand, ob die That diesseits oder jenseits der Gränze ausgeführt worden, ist zwar an und für sich für ihren strafrechtlichen Charakter vollkommen gleichgiltig. Nichtsdestoweniger werden sehr häufig durch diesen Umstand andere Umstände bedingt sein, von denen die rechtliche und politische Beurtheilung der That wesentlich beeinflusst wird. Ein politisches Delict, welches in einem anderen Staate ausgeführt wird, als in jenem, in welchem der betreffende politische Zweck erreicht werden soll, wird in aller Regel die That eines Einzelnen sein. Ist das politische Delict aber eben dort verübt worden, wo es seine Wirkung haben soll, so kann es sein, dass eine mehr oder minder zahlreiche Volksmasse an demselben betheiligt war. Während es undenkbar ist, dass ein französischer Bürgerkrieg oder auch nur ein gegen die französische Regierung gerichteter Aufstand sich in Deutschland oder in Spanien ereigne; ist es ganz wohl möglich, dass ein französischer Staatsmann zu politischen Zwecken von einem politischen Gegner in Peru oder in Neu-Süd-Wales ermordet wird.

Nun gelten aber die Gründe, welche es für einen unbetheiligten Staat unthunlich erscheinen lassen, zur Bestrafung der zu politischen Zwecken verübten gemeinen Delicte mitzuwirken, ganz vorwiegend von jenen Fällen, in welchen das betreffende Verbrechen nicht die That eines Einzelnen ist, sondern in welchen es im Zusammenhange mit grossen Volksbewegungen steht, also von jenen Fällen, welche sich nur in dem angegriffenen Staate selbst ereignen können.

So nothwendig es ist, einzelne Individuen, die durch Beseitigung politisch wirksamer Personen, deren Thätigkeit sie für verderblich erachten, auf eigene Faust in den Gang der Weltgeschichte eingreifen wollen, mit allen Mitteln, unter anderen also auch mit dem der Strafdrohung von Seite fremder Staaten, von ihrem vermessenen Beginnen abzuhalten¹), so bedenklich wäre es, wenn ein Staat den Grundsatz aufstellen wollte, jede gewaltthätige politische Action in einem anderen Staate durch die Verfolgung der an ihr Betheiligten als gemeiner Verbrecher zu bekämpfen.

Die Staaten, welche gegenüber einem internationalen Kriege befugt sind, neutral zu bleiben, d. h. sich der Entscheidung darüber, welche der kriegführenden Mächte im Rechte sei, zu enthalten, sind auch gegenüber einer revolutionären Bewegung in einem fremden Staate nicht verpflichtet, dieselbe ohne jede weitere Rücksicht als eine rechtswidrige zu behandeln. Nun könnte ein Staat aber nur denjenigen, der an einer seines Erachtens unrechtmässigen Reaction bez. Revolution theilgenommen, wegen der bei Gelegenheit dieser Theilnahme verübten Gewaltthaten bestrafen oder zur Bestrafung überliefern.

Wie unser Staat zur Zeit eines internationalen Krieges seiner Pflicht genügt, indem er Strafdrohungen gegen Neutralitätsbruch als leges speciales erlässt²), so genügt er auch seiner Pflicht zur Zeit innerer Unruhen in einem fremden Staate, wenn er eine lex specialis gegen die Theilnahme seiner Angehörigen an denselben erlässt. Hier wie dort würde er über das Maass seiner Verpflichtungen hinausgehen, wenn er die unbefugten Theilnehmer an solchen inneren Unruhen oder an einem solchen Kriege wegen der im Laufe desselben von ihnen verübten Gewaltthaten unter dem Titel gemeiner Verbrechen verfolgen wollte.

Ebenso wenig wie es möglich ist, den Inländer, der freiwillig in einem internationalen Kriege, in welchen unser Staat nicht unmittelbar verwickelt ist, in die Armee der einen der kriegführenden Mächte eingetreten ist, wegen der Tödtungen, Ver-

---

¹) In der Zeitschrift f. Strafrechtswissenschaft III. 412 ff. habe ich den Nachweis zu erbringen versucht, dass die Bestimmungen der meisten heute geltenden Strafgesetze für den Schutz ausländischer Souveräne nicht ausreichen.

²) Vgl. Ztschr. f. Strafrechtswissenschaft III. S. 391 ff.

wundungen, Sachbeschädigungen, die er in dieser seiner militärischen Eigenschaft verübt hat, als Mörder oder Sachbeschädiger zu verfolgen, da ja doch selbst derjenige Inländer, der in die uns feindliche Armee eingetreten ist und einen unserer Soldaten in der Schlacht tödtet, nicht wegen Mordes, sondern nur wegen Landesverrathes verfolgt wird, ebensowenig wäre es zulässig, den Inländer, der in einem auswärtigen Bürgerkriege jemanden getödtet hat, als einen Mörder zu bestrafen. Nun ist es aber weiterhin nicht möglich, jene Fälle, in welchen gewaltsame Angriffe gegen die Ordnung eines fremden Staates Stadien weltgeschichtlicher Entwicklung sind, durch die Definition eines Gesetzesparagraphen von jenen zu scheiden, in welchen sie nichts sind als Verbrechen Einzelner, in welchen daher auch eine Niederwerfung derselben weder den egoistischen Interessen unseres Staates noch allgemeinen Culturinteressen widerstreben würde. Und selbst wenn es möglich wäre, ein Gesetz nach diesen Unterscheidungen zu formulieren, so wäre es doch unmöglich, die Anwendung desselben auf die einzelnen Fälle so zu treffen, dass man sich nicht fortwährenden Remonstrationen von Seite jener Staaten, mit Bezug auf welche es in der einen oder andern Richtung angewendet wird, aussetzen würde. Deshalb empfiehlt es sich, von der Verfolgung im Auslande verübter, mit politischen Delicten connexer gemeiner Delicte in der Regel abzusehen.

Es würden einer solchen Verfolgung auch ganz eigentümliche Schwierigkeiten entgegenstehen, welche nicht eintreten, wenn es sich um eine im Inlande verübte politische Gewaltthat gegen einen fremden Staat handelt. Insbesondere wird im letzteren Falle eine Frage gar nicht auftauchen können, welche im Falle der meisten inneren Unruhen von tief einschneidender Bedeutung für die rechtliche Beurtheilung des angeblichen politischen Delictes ist: die Frage, ob jene Action der Regierung, gegen welche der gewaltsame Widerstand sich richtete, nach dem öffentlichen Rechte des betreffenden Staates legitim gewesen ist oder nicht. So wesentlich die Beantwortung dieser Vorfrage für das Urtheil über die Strafbarkeit desjenigen ist, der im Laufe dieses Widerstandes jemanden getödtet oder verwundet, Staats- oder Privateigentum zerstört oder sonst ein Delict verübt hat, welches nicht an und für sich ein politisches ist, sondern nur durch seinen Zusammenhang zu einem solchen wird, so unmöglich ist es, dass ein anderer Staat diese Vorfrage beantworte, ohne durch eben diese Entscheidung von dem Grundsatze der Nichtintervention in die Angelegenheiten fremder Mächte abzuweichen. Widerstand gegen einen Staatsstreich eines französischen oder spanischen Machthabers wird aber auch nur in Frankreich bez. in Spanien, nicht in Deutschland verübt werden können. Für Deutschland entfällt daher dieses, nur den Fall eines in Frankreich oder in Spanien verübten politischen Delictes berührende Bedenken vollständig, wenn es sich um ein in Deutschland selbst, um ein im Inlande verübtes politisches Delict gegen das Ausland handelt, während es, soferne eine in dem angegriffenen Staate begangene That, d. h., von unserem Standpunkte aus, ein im Auslande verübtes Delict in Frage steht, schwer in's Gewicht fällt.

Nach einem Staatsstreiche oder einer Revolution pflegen die fremden Mächte ihren diplomatischen Vertretern den Auftrag zu ertheilen, sich wenigstens insolange, als die neue Regierung nicht jeden Widerstand überwunden hat, aller formellen Anerkennung derselben zu enthalten und mit ihr als einer Herrschaft de facto nur über unaufschiebbare Geschäfte zu verhandeln. Mit solchen Weisungen, welche die strenge Consequenz des Principes der Nichtintervention und der Achtung der Selbstständigkeit des fremden Staates sind, würde es aber in den schroffsten Gegensatz treten, wenn eben diese Mächte die Anhänger der besiegten Partei wegen der von ihnen im Kampfe um die Herrschaft verübten Gewaltthaten verfolgen oder ausliefern wollten.

VI.
Die grundsätzliche Behandlung der relativ-politischen Verbrechen in den geltenden Verträgen.

Im positiven Völkerrechte der Gegenwart wird denn auch der Grundsatz der Nichtauslieferung wegen politischer Delicte nicht blos auf die specifisch und rein politischen Verbrechen, sondern im allgemeinen auch auf jene Thaten bezogen, welche neben den Merkmalen eines politischen auch die eines gemeinen Delictes enthalten, auf Thaten also, welche nur unter Umständen einen politischen Charakter an sich tragen, welche man daher als relativ politische Delicte bezeichnen kann[1]). So dehnen einige Auslieferungsverträge die Clausel: „Politische Verbrechen und Vergehen sind von dem gegenwärtigen Uebereinkommen ausgenommen" auch ausdrücklich auf „die mit solchen Verbrechen und Vergehen im Zusammenhang stehenden Handlungen (und Unterlassungen)" aus. Es ist dies z. B. der Fall in Art. 4 des Vertrages der österreichisch-ungarischen Monarchie mit Russland (1874), im Art. 9 des belgisch-brasilianischen von 1873, im Art. 6 des belgisch-niederländischen von 1877, im Art. 6 des deutsch-brasilianischen Vertrages von 1877, in Art. 5 des belgisch-portugiesischen Vertrages von 1875,

---
[1]) Damit stimmt die herrschende Theorie des Völkerrechtes überein. Ueberflüssig und zwecklos wäre es, ein Register der Autoren zusammenzustellen, die mehr oder minder ausdrücklich sich zu dieser Ansicht bekennen. Die Differenzen der Ansichten werden ohnedies in der folgenden Untersuchung beleuchtet werden.

(„L'extradition ne sera accordée, en aucun cas, pour des crimes ou délits politiques ou pour des faits ayant avec ces crimes une connexion immédiate"), in Art. 3 des Vertrages der Vereinigten Staaten von Nordamerika mit Spanien von 1877, in Art. 5 des französisch-englischen Vertrages von 1878 (mit einem unten zu besprechenden Zusatze), in Art. 3 des französisch-spanischen Vertrages von 1878[1]) u. a. Ebenso sprechen die Entwürfe des italienischen St. G. B. von 1874 und 1876 übereinstimmend ein kategorisches Verbot der Auslieferung wegen der mit einem politischen Verbrechen zusammenhängenden Thaten aus.[2])

Aber selbst wenn der Vertrag nach dem Muster des französisch-sardinischen von 1838 (s. oben S. 38) mit ausdrücklichen Worten nur die politischen Delicte als solche anführt, wegen welcher Auslieferung nicht stattfindet, kann diese Ausnahme der politischen Delicte aus der Reihe derjenigen, wegen welcher die contrahirenden Staaten zur Auslieferung sich verpflichten, nicht anders als dahin gedeutet werden, dass die Auslieferungspflicht, welche der Vertrag in Bezug auf Verbrechen von gewisser Art stipulirt, hinsichtlich jener Thaten nicht bestehen solle, welche neben den Merkmalen eines Verbrechens der gedachten Art auch die eines politischen Verbrechens an sich tragen, welche daher auch als politische Verbrechen aufgefasst werden können, obwohl sie, weil sie gleichzeitig auch den Thatbestand eines gemeinen Verbrechens constituiren, nicht als solche aufgefasst werden müssen. Würde man die Clausel nicht so verstehen, so hätte sie weder Zweck noch Sinn. Denn rein politische Verbrechen sind in den Verträgen als solche, wegen welcher Auslieferung gewährt werden muss, ohnedies nicht aufgezählt. Da aber die Auslieferungspflicht nur wegen der in den Verträgen aufgezählten Delicte begründet ist, so wäre die ausdrückliche Ausschliessung eines nicht aufgezählten und

---

[1]) Aucune personne accusée ou condamnée ne sera livrée, si le délit pour lequel l'extradition est demandée, est considéré par la partie requise comme un délit politique ou un fait connexe à semblable délit.

[2]) L'estradizione dello straniero — — — non è mai ammessa per reato politico nè per fatti connessi col medesimo. Prog. Vigliani und Prog. Mancini Art. 9, §. 2 vgl. auch Brusa, Annuario II 137.

dadurch also ohnedies schon stillschweigend ausgeschlossenen Verbrechens das Ueberflüssigste von der Welt.[1])

Eine weitere Bestätigung erhält diese Argumentation noch für jene Verträge, welche zunächst die Bestimmung enthalten, dass politische Verbrechen und Vergehen von der gegenwärtigen Convention ausgenommen sind und dann die Beschränkung hinzufügen, dass ein Attentat gegen einen Souverän oder ein Mitglied eines souveränen Hauses weder als ein politisches Verbrechen, noch als eine mit einem politischen Verbrechen zusammenhängende Handlung angesehen werden solle.[2]) Diese Einschränkung hätte ja gar keinen Sinn, wenn nicht (wenigstens unter Umständen) „die mit einem politischen Verbrechen zusammenhängende Handlung" unter dem Begriffe eines politischen Delictes im Sinne eines Nichtauslieferungsdelictes missverstanden werden könnte. Denn nur, wenn das délit complexe an und für sich unter den Begriff des politischen Delictes fällt, hat es einen Sinn, bezüglich eines einzelnen besonderen Falles desselben ausdrücklich zu erklären, dass dieser Fall ausnahmsweise nie als politisches Delict angesehen werden solle.

Wieder andere Verträge drücken die Gleichstellung der relativ politischen Delicte mit den rein politischen dadurch aus, dass sie dem Staate, welchem ein eines gemeinen Verbrechens Angeschuldigter ausgeliefert worden ist, ausdrücklich die Verpflichtung auferlegen, denselben weder wegen irgend eines vor der Auslieferung begangenen politischen Verbrechens oder Vergehens, noch wegen irgend einer mit einem solchen politischen Verbrechen oder Vergehen zusammenhängenden Handlung zu verfolgen oder zu bestrafen.[3]) Da nun auch die

---

[1]) Vgl. Hoseus a. a. O. S. 1049 und auch oben S. 38.

[2]) Vertrag Oesterreich-Ungarns mit Montenegro von 1872 Art. 3, Vertrag des Deutschen Reiches mit Belgien von 1874 Art. 6, mit Luxemburg von 1876 Art. 6, mit Schweden und Norwegen von 1878 Art. 6. mit Spanien von 1878 Art. 6. Vertrag Frankreichs mit Bayern von 1869 Art. 3, Russlands mit Bayern von 1869 Art. 6, mit dem Grossherzogthum Hessen (südl. des Mains) von 1869 Art. 6.

[3]) Vgl. die Verträge Oesterreich-Ungarns mit Belgien v. 1881 Art. 3, mit Italien von 1869 Art. 3, mit den Niederlanden von 1880

Verfolgung wegen eben jener Handlung, wegen welcher die Auslieferung gewährt wurde, von diesem Verbote nicht aus-

Art. 7, mit der Schweiz von 1855 Art. 11, mit Serbien von 1881 Art. 3, mit Luxemburg 1882 Art. 3.

Was den italienisch-österreichischen Vertrag betrifft, so stimmen die beiden Texte allerdings nicht überein. Im italienischen Texte heisst es nämlich: L'individuo che sarà consegnato per altra infrazione alle leggi penali, non potrà in alcun caso esser giudicato o condannato per crimine o delitto politico anteriormente commesso nè per qualsivoglia fatto relativo a questo crimine o delitto, während der letzte Satz nach dem deutschen Texte lautet: „noch wegen einer wie immer gearteten Betheiligung an einem politischen Verbrechen oder Vergehen." Es scheint, als ob die deutsche Fassung ebensowohl auf Mitschuld an einem rein politischen Verbrechen als auf Verbrechen von zusammengesetzten Thatbestande bezogen werden könnte und als ob, wenn man der ersteren Annahme folgt, die Auslieferung wegen eines délit complexe zugestanden werden müsse. Aber trotzdem diese Auffassung eine scheinbare Stütze in der von der Interpretation des Vertrages handelnden Declaration findet, ist sie unhaltbar. Denn es ist sicher, dass die Formel „ni pour faits connexes à un crime ou délit politique" das Vorbild gewesen, dem der Vertrag in beiden Ausfertigungen folgen sollte, was allerdings nur im italienischen Texte in einer jedes Missverständnis ausschliessenden Form geschah und es kann auch nicht bestritten werden, dass der Zusatz, wenn man ihn dahin interpretieren würde, dass nicht nur der Urheber, sondern auch der Mitschuldige eines politischen Delictes nicht ausgeliefert werden solle, als der Ausdruck von etwas Selbstverständlichem ganz überflüssig wäre. Aus diesen Gründen möchte ich auch annehmen, dass selbst der Vertrag zwischen Oesterreich-Ungarn und Schweden und Norwegen, in welchem die Wendung des französichen Urtextes „ni pour une complicité dans un tel crime ou délit" mit der deutschen Uebersetzung „noch wegen irgend einer Theilnahme an einem solchen Verbrechen oder Vergehen" vollständig übereinstimmt, dahin zu verstehen sei, dass wegen délits complexes eine Auslieferungspflicht nicht obwalte.

Das im Text Gesagte gilt auch von den Verträgen des Deutschen Reiches mit Italien von 1871, Art. 4; mit Belgien von 1874, Art. 6; mit Luxemburg von 1876, Art 6; mit Schweden und Norwegen von 1878, Art. 6; mit Spanien von 1878, Art. 6; von den Verträgen Belgiens mit Dänemark (1876), Art. 4; mit Spanien (1870), Art. 3; mit Frankreich (1874), Art. 3; mit Luxemburg (1872), Art. 7; mit Italien (1875), Art. 3; mit Liechtenstein (1852), Art. 6; mit Monaco (1874), Art. 3; mit Peru (1874), Art. 8; mit Russland (1872), Art. 11; mit Schweden und Norwegen (1870), Art 6, und mit der Schweiz (1874), Art. 3; von den Verträgen Frankreichs mit Portugal (1854), Art. 7; der Schweiz (1869) Art. 2; den Niederlanden von 1844, Art. 3; Dänemark von 1877, Art. 3; Luxemburg von 1875, Art. 3. Ebenso findet sich diese Bestimmung in den Verträgen Russlands mit Spanien, Art. 4; mit den Niederlanden von 1880, Art. 6; mit Italien von 1871, Art. 4; mit der Schweiz von 1873.

genommen ist, so folgt daraus, dass, wenn diese sich nachträglich als ein mit einem politischen Delicte zusammenhängendes Verbrechen darstellt, der Ausgelieferte ausser Verfolgung gesetzt werden muss. Nun ist es aber selbstverständlich, dass ein Staat nicht gehalten sein kann, einen flüchtigen Verbrecher wegen einer That auszuliefern, wegen welcher ihn der requirirende Staat, nachdem er ihm ausgeliefert worden, doch nicht verfolgen und nicht bestrafen dürfte. Stellt es sich daher für den requirirten Staat noch während des über das Auslieferungsgesuch eingeleiteten Verfahrens heraus, dass das dem requirirten Individuum zur Last gelegte Delict nicht ausschliesslich ein gemeines Delict sei, sondern dass dasselbe mit einem politischen Verbrechen oder Vergehen zusammenhänge, so ist der requirirte Staat berechtigt, unter Berufung auf die angeführte Clausel die Auslieferung zu verweigern.[1]) Ein Zweifel über diese Berechtigung könnte nur mit Rücksicht auf jene Verträge eintreten, welche die gedachte Beschränkung des requirirenden Staates in seinem Rechte, den Ausgelieferten wegen aller vor der Auslieferung verübten Verbrechen zu verfolgen, unter der Bedingung entfallen lassen, dass das ausgelieferte Individuum auch nach seiner Freisprechung wegen jenes Delictes, um dessenwillen es ausgeliefert worden, oder nach Abbüssung der ihm für dieses Delict zuerkannten Strafe, in dem betreffenden Staate freiwillig durch eine gewisse Zeit verblieben oder, nachdem es diesen Staat verlassen hatte, wieder in denselben zurückgekehrt wäre. (Vgl. z. B. den deutsch-spanischen Vertrag Art. 6.)

Verträge, welche eine der bisher angeführten Clauseln enthalten, unterscheiden sich daher nur der Form, nicht dem Inhalte nach von jenen, welche, wie die Mehrzahl der neueren Verträge Grossbritanniens[2]) und der Vereinigten Staaten[3]), und

Art. 6; mit Bayern von 1869, Art. 6. (Vgl. Erläuterungen (der Redactionscommission) z. d. Entwurfe eines St. G. B. für Russland 1882 S. 55).

[1]) Vgl. auch Hoseus a. a. O. S. 1049.

[2]) Mit Oesterreich-Ungarn (1873), Art. 6; mit dem Deutschen Reiche (1872), Art. 6; mit Belgien (1876), Art. 7; mit Italien von 1873, Art. 5; mit Dänemark von 1873, Art. 7; mit Brasilien von 1872, Art. 6. u. A.

[3]) Mit Belgien (1874), Art. 3; der Schweiz (1850), Art. 17; Schweden-Norwegen (1860), Art. 5; Italien (1868), Art. 3; der Türkei (1874), Art. 3;

der eine oder andere der Verträge der Schweiz[1]) ausdrücklich aussprechen[2]): „Ein flüchtiger Verbrecher soll nicht ausgeliefert werden, wenn die strafbare Handlung, wegen deren seine Auslieferung begehrt wird, einen politischen Charakter an sich trägt", sofern man nur den Terminus „politischen Charakter" in dem unten (S. 66 ff.) näher zu entwickelnden Sinne versteht. Wenn aber einige der gedachten Verträge noch hinzufügen: „oder, wenn er (der flüchtige Verbrecher) darthut, dass der Antrag auf

---

Frankreich (1843), Art. 5; Peru (1870), Art. 3 und Mexiko (1861) Art 6; die letzteren drei jedoch in der Fassung „The provisions of the present treaty shall not be applied in any manner to any crime or offense of a purely political character", während in den übrigen genannten Verträgen der beschränkende Zusatz purely fehlt. Die Verträge mit Grossbritannien, mit Preussen und Oesterreich enthalten keine ausdrückliche Ausschliessung der politischen Delicte. Doch erklärte hinsichtlich des ersteren derselben Präsident Tyler in jener Botschaft, mit welcher er ihn dem Senat übersandte, dass es eine Folge der taxativen Aufzählung der Auslieferungsdelicte sei, „dass alle politischen Delicte, wie alle aus einem Kriegszustande oder aus inneren Unruhen hervorgehenden Anklagen ausgeschlossen seien". Clarke p. 48.

[1]) Mit dem deutschen Reiche, Art. 4.

[2]) Ebenso verfügte auch der von Dufaure dem Senat vorgelegte Entwurf eines Auslieferungsgesetzes für Frankreich (Journal officiel vom 16. Mai 1878) Titre I. art. 3. „L'extradition ne sera pas accordée 1º lorsque les crimes ou délits auront un caractère politique", welche Fassung auch von der Senatscommission mit dem Zusatze „(ne sera) ni demandée (ni accordée)" angenommen wurde. (Journ. off. 17. Jänner 1879.) Bertauld's Bericht (a. a. O.) bezieht diese Ausnahme allerdings nur auf die faits purement politiques und scheint sie daher für minder umfassend zu erachten, als die der faits connexes à un crime politique. Vgl. auch seine Rede vom 3. April 1879 bei L. Renault l. c. p. 19. Dass die französische Regierung diese Clausel nicht in dem Sinne eines schroffen Gegensatzes gegen die des belgischen Gesetzes, etwa im Sinne des unbedingten Zugeständnisses der Auslieferung wegen faits connexes à un crime politique verstand, ist aber zweifellos. Bernard's entgegengesetzte Ansicht II. p. 280 beruht auf ungehöriger Vertauschung des Begriffes der crimes politiques, soweit es sich um Anordnungen über deren strafrechtliche Behandlung im Inlande handelt, mit dem Begriffe derselben, soferne die Auslieferung in Frage steht. Dass dieser Begriff im letzteren Falle auch gewisse gemeine Verbrechen mitumfasst, beweist unwiderlegbar der Umstand, dass sonst die ausdrückliche Ausschliessung der politischen Delicte in einem Gesetze oder einem Vertrage, welcher ja die specifisch-politischen Delicte schon dadurch, dass er sie nicht aufzählt, ausgeschlossen hat, sinn- und zwecklos wäre.

seine Auslieferung in Wirklichkeit mit der Absicht gestellt worden ist, ihn wegen eines Verbrechens oder Vergehens politischer Natur zu verfolgen oder zu bestrafen", so gehen sie damit über das Maass dessen, was m. E. zugestanden werden kann, hinaus. Denn sie verbieten dadurch die Auslieferung desjenigen, der ein politisches Verbrechen und, vor oder nach diesem, ein mit ihm ausser allem Zusammenhange stehendes gemeines Delict verübt hat, soferne nur glaubhaft erscheint, dass seine Auslieferung zu dem Zwecke verlangt wird, um ihn auch wegen des politischen Delictes zu bestrafen.[1]) In der Verübung eines politischen Verbrechens kann doch für dessen Thäter kein Strafaufhebungsgrund für andere mit dem politischen Verbrechen nicht zusammenhängende gemeine Verbrechen liegen.

Im Unterschiede von den bisher besprochenen sind es nur ganz wenige Verträge, welche eine ausdrückliche Bestimmung dahin enthalten, dass, obwohl Auslieferung grundsätzlich nur wegen gemeiner Verbrechen stattfindet, doch der Auslieferung desjenigen, der eines gemeinen Verbrechens beschuldigt wird, der Umstand nicht entgegenstehe, dass er gleichzeitig auch eines politischen Verbrechens verdächtig ist. Diese Verträge knüpfen die Auslieferung in einem solchen Falle nur an den Modus, dass der requirirende Staat den Ausgelieferten nur wegen des gemeinen, nicht auch wegen des politischen Verbrechens verfolge

---

[2]) Es dürfte übrigens grosse Schwierigkeiten haben, die englische Regierung zum Aufgeben dieser Beschränkung zu veranlassen. Es würde dies zunächst eine Abänderung des Extradition act von 1870 voraussetzen, nach dessen Sect. 3 die gedachte Beschränkung in jeden von Grossbritannien abzuschliessenden Auslieferungsvertrag aufgenommen werden muss. (Vgl. oben S. 38 Anm. *). Im letzten Grunde würde ein solcher Versuch an der mangelhaften Ausbildung der Lehre von der Concurrenz der Verbrechen im englischen Rechte scheitern. Uebrigens ist der Nachtheil dieser Beschränkung wohl kein ernster. Die Regierung des requirirenden Staates brauchte, um den Anforderungen dieser Clausel zu entsprechen, wohl nur eine formelle Erklärung abzugeben, dass sie das requirirte Individuum wegen des mit dem gemeinen Delicte nicht zusammenhängenden politischen Delictes nicht verfolgen werde, was sie ja, selbst wenn sie die Auslieferung von einem anderen Staate erlangt hätte, mit welchem sie einen Vertrag von der eben vorher (S. 56) besprochenen Structur besitzt, doch niemals thun könnte.

und bestrafe.[1]) Eine Bestimmung dieser Art enthält der österreichisch-spanische Vertrag von 1861, Art. 3. Merkwürdiger Weise hat aber selbst die Regierung der Vereinigten Staaten einmal einen Vertrag in diesem Sinne abgeschlossen. Allerdings ist dieser Vertrag — jener mit dem Königreiche beider Sicilien vom 1. October 1855, Art. 24 — seither ausser Wirksamkeit getreten.[2]) Eine Bestimmung dieser Art ist für den Fall, dass die beiden Delicte in gar keinem inneren Zusammenhange stehen, überflüssig, weil selbstverständlich, wie dies unten ausführlicher gezeigt werden soll. Stehen die beiden Delicte aber in einem inneren Zusammenhange, mag derselbe auch nicht der der Idealconcurrenz sein, so hebt sie hinsichtlich solcher das Princip der Nichtauslieferung wegen relativ-politischer Delicte völlig auf.

Abgesehen von diesen Verträgen ist es ein Grundsatz des heutigen europäischen Völkerrechtes, dass nicht blos wegen specifisch-politischer, sondern auch wegen relativ-politischer Delicte Auslieferung nicht stattfindet.

---

[1]) In der Theorie hat sich namentlich A. Weiss, l. c. p. 176, wie es scheint im Anschlusse an ein Gutachten E. Ollivier's über den Fall Ledru-Rollin, für dieses System ausgesprochen.

[2]) Spear, The law of extradition, international and interstate, Albany 1879 p. 374 und 43.

VII.
Der Begriff des relativ-politischen Delictes.

Dass es zu weit geht, wenn man, wie dies nach den im vorhergehenden Capitel mitgetheilten Verträgen Rechtens ist, die Auslieferung wegen aller relativ-politischen Delicte grundsätzlich ablehnt, wird heute bereits von den Meisten anerkannt.

Die Frage ist daher nicht die, ob man diesen Grundsatz beschränken solle, sondern nur, wie man ihn beschränken könne, ohne ihn auch für jene Fälle preiszugeben, für welche er sich als eine der werthvollsten Satzungen des Völkerrechtes erwiesen hat. Die Empfindung, dass es unzulässig sei, wegen aller relativ-politischen Delicte Auslieferung zu verweigern, ist namentlich in den letzten Jahren durch eine Anzahl beklagenswerther Verbrechen besonders rege geworden. Eben in dieser Actualität der Empfindung liegt die Gefahr, dass die anzustrebende Beschränkung des Grundsatzes nur mit Rücksicht auf eben diese, in der Erinnerung Aller fortlebenden Verbrechen formulirt und damit völlig einseitig ausgeprägt werde.

Neu aber ist die Forderung nach einer Einschränkung des Grundsatzes keineswegs, wenn sie auch erst in neuester Zeit acut geworden ist.

Schon der erste Autor, welcher den Grundsatz der Nichtauslieferung wegen politischer Delicte aufstellte, Provó Kluit macht in seiner oft citirten Monographie hinsichtlich der meuchlerischen Ermordung eines Souveräns oder eines Mitgliedes einer souveränen Familie eine Ausnahme.¹) Und so hat denn in der That Frankreich, obwohl es eben erst den Grundsatz der Nichtauslieferung wegen politischer Delicte proclamirt hatte, 1835 die Auslieferung Bardou's wegen Mitschuld an Fieschi's Attentate gegen Ludwig Philipp von Preussen nachgesucht und erlangt.²) Ebenso hat die Regierung der französischen Republik von 1848 kein Bedenken getragen, ein der Theilnahme an der Ermordung Auerswald's und Lichnowsky's verdächtiges Individuum auszuliefern.³) Und selbst die Regierung der Vereinigten Staaten von Nordamerika hat auf die Nachricht, dass einer der Mitschuldigen an der Ermordung Lincoln's, John Surrat, sich in Italien aufhalte, von der italienischen Regierung dessen Auslieferung verlangt, obwohl damals nicht einmal ein Auslieferungsvertrag zwischen Italien und den Unirten Staaten bestand.⁴)

Um den Schwierigkeiten, welche die Frage nach der Auslieferung wegen relativ politischer Delicte bereitet, zu entgehen, hat man versucht, das Wesen des politischen Verbrechens durch Definitionen aufzuklären. Man ist darüber einig, dass der Begriff des politischen Verbrechens, wenn es sich um die Beurtheilung

---

¹) Sed forte quis rogat, quid faciendum, si quis summum imperantem occiderit, veluti Baltasar Gérards, Ravaillac et Louvel, qui ducem de Berri interfecerit? Num ejusmodi perditis aut fanaticis atque civitati periculosissimis, refugium concedendum est, qui turpi modo quieta republica e vita tollerent optimum principem, quem amabant, diligebant omnes probi? — — Ejusmodi certe profugorum, qui re vera delinquentes sunt, — — assentior probanda est deditio, quoties nobis persuasum habemus, magistratum non injuste persequi illos et rite administrari justitiam in exposcenti civitate." l. c. p. 84 f.

²) Billot, p. 113. Nach derselben Quelle hätte Frankreich 1845 auch von der Schweiz die Auslieferung eines Ungenannten wegen tentative de régicide erlangt.

³) Köstlin, Auerswald und Lichnowsky S. 15 ff., offenbar ist dies jener Fall, welchen fast alle Schriftsteller über Auslieferung als den des Mörders des Fürsten von Liechtenstein bezeichnen. Ein Fürst Liechtenstein ist 1848 überhaupt nicht ermordet worden.

⁴) Arlia p. 132 und 141; Fiore No. 409. In Folge der Flucht Surrat's nach Aegypten, wo er später von den amerikanischen Consulatsorganen verhaftet wurde, kam es zu keiner Entscheidung über das Auslieferungsbegehren der Vereinigten Staaten.

handelt, ob wegen desselben Auslieferung gewährt oder verweigert werden solle, anders zu fassen sei, als wenn die Verfolgung eines politischen Verbrechens im Inlande in Frage steht. Insbesondere stimmt die französische Jurisprudenz so ziemlich darin überein, dass das, was sie das délit complexe nennt, wenn es sich um Auslieferung handelt, als politisches Delict zu betrachten sei, während es, soferne die Verfolgung eines gegen Frankreich gerichteten Verbrechens in Frankreich in Frage kommt, als ein nicht politisches Verbrechen gilt.[1]) Die französischen Juristen verstehen unter einem délit complexe eine Handlung, welche in idealer Concurrenz, d. h. durch eine und dieselbe Thätigkeit, sowohl den Thatbestand eines Verbrechens des gemeinen Rechtes als auch den eines politischen Verbrechens, insbesondere eines crime attentatoire à la sûreté de l'Etat, verwirklicht.

Zum Unterschiede hievon bezeichnen sie in jenem Falle, in welchem zwei verschiedene Thätigkeiten, deren eine den Thatbestand eines gemeinen, deren andere den eines politischen Delictes constituirt, in einem inneren Zusammenhange mit einander stehen und sich nur als Theilacte einer und derselben Unternehmung darstellen, das gemeine Verbrechen als ein mit einem politischen Verbrechen connexes[2]) Der Ausdruck ist nicht unbedenklich, weil Connexität nach Art. 227 C. Instr. crim. der terminus technicus für jede Art des Zusammenhanges zweier Delicte ist, welche genügt, um das Verfahren hinsichtlich dieser beiden, möglicherweise von verschiedenen Personen verübten Delicte zu vereinigen, und somit nur einen sehr losen Zusammenhang voraussetzt.[3]) In Auslieferungsverträgen hat, wie wir bereits oben gesehen haben, der Ausdruck fait connexe à un crime politique eine noch weitere Bedeutung erhalten, nach welcher

---

[1]) Vgl. über die letztere Frage insbesondere Dupin's réquisitoire in der Cassationsverhandlung gegen die Mörder des General Bréa (Junirevolution 1848) bei Renault; l. c. p. 17 und Bernard II. p. 272.

[2]) Vgl. über die Begriffe der Complexität und Connexität insbesondere Billot p. 104 ff., Renault, p. 14 ff., Weiss, p. 171 ff., Bernard, II. p. 272 ff. und auch Teichmann Revue XI,. 499 ff.

[3]) Vgl. auch Bernard II. p. 272 ff. und Brusa. Annuario II. 137 f.

er auch den Begriff des mit einem politischen Verbrechen in einer und derselben Thätigkeit zusammentreffenden gemeinen Verbrechens, des mit diesem complexen Verbrechens, umfasst.

Wird doch ausdrücklich gesagt, dass der Königsmord, also ein complexes Verbrechen, nicht als ein mit einem politischen Verbrechen connexes behandelt werden solle, was voraussetzt, dass er an sich unter diesen Begriff subsumirt werden könnte.

Eine lange Liste von Einzelhandlungen, aus welchen sich eine aufständische Bewegung zusammensetzt oder welche häufig zu den Zwecken einer solchen verübt werden, welche daher besonders geeignet sind, mit den politischen Verbrechen eines Aufstandes oder eines Hochverrathes zusammenzutreffen, mit ihnen connex zu werden, zählt das französische Gesetz vom 24. Mai 1834 auf.[1]) Unter anderen nennt dieses Gesetz das unbefugte Tragen von Waffen, Uniformen oder Munition, die Aneignung von Waffen oder Munition durch Gewalt, Drohung, Diebstahl, List; das unbefugte Eindringen in Wohnhäuser oder öffentliche Localitäten, die Errichtung von Barrikaden und anderen Verschanzungen; die Beschädigung von Telegraphen. Aus dieser Liste sehen wir, dass zu relativ-politischen Verbrechen nicht blos Verbrechen gegen Privatpersonen, sondern auch solche Verbrechen gegen die Staatsordnung werden können, welche nicht schon an sich politische Verbrechen sind. So ist das letztere der Fall, wenn jemand zur Verübung eines politischen Delictes sich unbefugt einer Uniform bedient oder ein öffentliches Amt (ein Civilamt oder insbesondere ein Militärcommando) sich anmaasst, oder wenn jemand zu dem gedachten Zwecke öffentliche Urkunden fälscht oder Gefangene befreit; das erstere, wenn jemand einen Mord, einen Diebstahl, eine Sachbeschädigung zu politischen Zwecken begeht.[2])

Die Unterscheidung der gedachten beiden Arten des Zusammentreffens eines gemeinen und eines politischen Delictes in Einer Handlung ist mitunter so subtil, dass es schwierig wird, an ihr festzuhalten.

---

[1]) Mitgetheilt u. A. bei Boitard, Leçons de droit criminel No. 186.
[2]) Vgl. insbesondere auch Ortolan, Eléments, No. 723 ff. (I. p. 308 ff.).

Schliesslich lässt sich ja beinahe jedes Verhalten, welches wir mit dem einheitlichen Namen irgend einer Handlung oder That bezeichnen, in eine Mehrheit von einander folgenden Thätigkeiten zerlegen, deren einer man dann den Charakter einer politischen, deren anderer man den eines gemeines Delictes zuweisen könnte. Aber in manchen Fällen geht dies doch nicht an. Jeder Thätigkeitsact desjenigen, der seinen Souverän ermordet, trägt gleichzeitig die Merkmale des Mordes und die des Hochverrathes in sich. Wenn aber jemand ein Waffenmagazin plündert, um die geraubten Waffen zur Vorbereitung eines Aufstandes zu vertheilen, so könnte man jene Thätigkeiten, welche das Verbrechen des Raubes constituiren, zeitlich und vielleicht auch örtlich von jenen scheiden, welche die Vorbereitung eines Hochverrathes oder ein Sonderdelict der Organisirung bewaffneter Schaaren oder ein sonstiges Verbrechen gegen die öffentliche Ordnung bilden.

Der Zweck der Vereinigung dieser beiden Thätigkeiten in dem Begriffe Eines relativ-politischen Delictes ist es nun, zu verhindern, dass dasjenige, was nach Auffassung und Absicht des Handelnden Eine That ist, in eine Mehrheit von unabhängig von einander zu beurtheilenden Delicten zerlegt werde, da eine solche Zerreissung des einheitlichen Thatbestandes, wie sie z. B. im österreich-spanischen Vertrage vorgeschrieben ist (s. oben S. 60) „ein Unrecht gegen den Thäter enthalten würde" (Hoseus, S. 1059). Sehr bestritten ist es aber, worin die Berechtigung liege, eine bestimmte That von zusammengesetzter Beschaffenheit als politisches Delict zu behandeln. Die Einen legen alles Gewicht darauf, dass die That des Angeklagten aus einem politischen Motive entsprungen sei. Andere behaupten, es komme darauf an, dass der Zweck der That ein politischer gewesen. Und wieder andere, wie v. Liszt[1]), lassen weder Motiv noch Zweck, sondern nur den objectiven Charakter der Handlung gelten.[2])

---

[1]) Zeitschrift f. Strafrechtswissenschaft II. S. 66 ff.

[2]) Vgl. auch Serment in seinem Bericht für den Schweizer-Juristenverein; Protocoll der 18. Versammlung S. 106 ff.

Je nach Verschiedenheit dieser Auffassungen bejahen daher die Einen die Fragen, ob es ein relativ-politisches Delict sei, wenn jemand Geld stiehlt, unterschlägt oder raubt, um es zu Zwecken eines hochverrätherischen Unternehmens zu verwenden, oder wenn jemand einen Mord, eine Freiheitsbeschränkung oder eine Nöthigung verübt, um die Anzeige eines hochverrätherischen Complottes zu verhindern, während andere diese Fragen verneinen.

In einem gewissen Sinne mögen Beide Recht haben. Die Einen darin, dass diese Thaten politische Verbrechen in jenem Verstande sind, in welchem man überhaupt, abgesehen von dem Falle eines specifisch politischen Delictes, von politischen Verbrechen spricht. Die Anderen darin, dass diese Thaten oder wenigstens einige derselben, obwohl sie relativ-politische Delicte sind, nicht nach den sonst für solche geltenden Grundsätzen behandelt werden dürfen, dass insbesondere nicht wegen aller derselben die Auslieferung verweigert werden kann.

Was zuerst die Frage betrifft, ob diese Thaten relativ-politische Delicte sind, so scheint es mir inconsequent, wenn diejenigen, welche auf den „objectiven Charakter der That" sehen, ihre politische Qualität leugnen. In all' diesen Fällen liegt der objective Thatbestand eines politischen Verbrechens vor. Allerdings concurrirt derselbe mit dem Thatbestande eines gemeinen Verbrechens. Wer zur Unterstützung eines Hochverrathes Geld hergibt, ist doch gewiss nach dem Strafrechte aller Völker des Hochverrathes mitschuldig, ebenso wie derjenige des Mordes mitschuldig ist, der jemandem Geld schenkt oder leiht, damit er die Pistole kaufen könne, deren er zur Ausführung eines geplanten Mordes bedarf. Wenn also jemand Geld stiehlt, um es zu einem hochverrätherischen Zwecke zu verwenden, so concurrirt in seiner That das gemeine Delict des Diebstahls entweder realiter mit dem von dem Acte des Stehlens getrennten, ihm nach einem längeren oder kürzeren Zeitintervalle erst nachfolgenden Acte der Uebergabe bez. der Verwendung des gestohlenen Geldes zu dem hochverrätherischen Zwecke, also mit einer Handlung, welche, je nachdem der Angeklagte den Hochverrath selbst zu verüben vorhatte oder nur dessen Verübung durch einen anderen fördern wollte, entweder als Vorbereitung eines Hochverrathes oder als Beihilfe zu einem solchen sich darstellt. Oder es liegt in der betreffenden That eine ideale Concurrenz von Diebstahl und Vorbereitung bez. Beihilfe zum Hochverrath vor. Dies ist dann der Fall, wenn es zu einer Verwendung bez. zu einer Uebergabe des gestohlenen Geldes zu dem hochverrätherischen Zwecke nicht gekommen ist. Denn dann stellt der Act des Stehlens in der Absicht das gestohlene Gut nachher für das hochverrätherische Unternehmen zu verwenden, sich in zweifacher Richtung als strafbar dar, zuerst als eine Verletzung des Besitzrechtes des Bestohlenen und dann aber auch als eine Anschaffung von Mitteln für ein hochverrätherisches Unternehmen entweder des Thäters selbst oder eines anderen, also als eine Vorbereitung zum Hochverrath. In der Sprache der französischen Juristen ausgedrückt, ist der Diebstahl im ersteren Falle mit der Vorbereitung eines Hochverrathes bez. mit der Beihilfe zu einem Hochverrathe (je nachdem der Angeklagte den Hochverrath selbst als Thäter ausführen oder nur einem anderen zu dessen Ausführung Beistand leisten will) connex; während im letzteren Falle (wenn weder eine Verwendung noch eine Uebergabe des Geldes zu einem hochverrätherischen Unternehmen stattgefunden hat) der Act des Stehlens selbst ein complexes Delict ist, da er neben dem Thatbestande eines vollendeten Diebstahles den eines vorbereiteten Hochverrathes enthält.

Dass diese Auffassung den Criminalisten nicht geläufig ist, liegt darin, dass bei der Mehrzahl der Verbrechen die Vorbereitungshandlungen nicht strafbar sind, also eine ideale Concurrenz der Vollendung eines Verbrechens mit der Vorbereitung eines anderen, wegen der Straflosigkeit der Vorbereitung des letzteren, strafrechtlich nicht in Betracht kommt. Psychologisch betrachtet liegt aber eine solche Concurrenz sehr häufig vor. So wenn jemand ein Gewehr stiehlt, um damit Jemanden zu erschiessen. Das Strafrecht spricht hier aber nicht von Concurrenz von Delicten, weil die Anschaffung von Mitteln zum Morde als solche nicht strafbar ist.

Sofern aber die Vorbereitung des Mordes unter dem Gesichtspunkte eines Sonderdelictes strafbar ist, tritt sofort diese Concurrenz hervor. Wenn der Erwerb von Explosivstoffen, ohne eine besondere Erlaubnis zu demselben erwirkt zu haben, mit Rücksicht darauf, dass solche Stoffe zu Attentaten verwendet werden können, mit Strafe bedroht ist, so macht sich derjenige, der eine Quantität Nytroglycerin stiehlt, des Diebstahls concurrirend mit unbefugtem Erwerbe von Nitroglycerin schuldig. Und denken wir uns, es stehle jemand aus einer Münzstätte einen Stempel oder eine Platte, welche zur Anfertigung von Metall- oder Papiergeld dienlich ist, zum Zwecke der Verübung eines Münzverbrechens, so haben wir einen dem oben besprochenen vollkommen analogen Fall der Idealconcurrenz der Vollendung eines Verbrechens mit der Vorbereitung eines anderen. In der That würde nach deutschen R. St. G. B. die Concurrenz von §. 242 (Diebstahl) und §. 151 (Anschaffung von zu einem Münzverbrechen dienlichen Werkzeugen zum Zwecke der Verübung eines solchen Verbrechens) nicht geleugnet werden können. Ebenso kann es nicht zweifelhaft sein, dass derjenige, welcher jemanden ermordet, einsperrt oder bedroht, damit er ein hochverrätherisches Unternehmen nicht verrathe, dadurch in idealer Concurrenz neben dem Morde, bez. der Freiheitsbeschränkung oder der Nöthigung auch einer Beihilfe zum Hochverrath durch Beseitigung eines Hindernisses der Ausführung desselben sich schuldig macht. — Was die erste Frage betrifft, ob Thaten der vorausgesetzten Art politische Delicte seien, gelangt man also zu demselben Ergebnisse, ohne Unterschied, ob man die Absicht des Handelnden oder den sog. objectiven Charakter seiner Handlung als das Entscheidende ansieht.

Zu einem anderen, m. E. unrichtigen Resultate gelangt (allerdings hinsichtlich einer anderen Gruppe von Fällen) derjenige, der die Frage, ob eine That eine politische oder eine nicht politische ist, nach dem Motive des Handelnden entscheidet. Unter dem Motive der That kann man nämlich ausser jenem Complexe psychischer Antecedentien der That, welche wir unter dem Begriffe der Absicht zusammenfassen, auch noch andere psychische Phänomene verstehen. So handelt auch derjenige aus einem politischen Motive, der, ohne einen politischen Zweck zu verfolgen, also in nicht politischer Absicht, in Folge seiner politischen Parteistellung, geleitet von den dieser Partei eigenthümlichen Anschauungen und Empfindungen, einen politischen Gegner beschimpft, misshandelt, tödtet. Erst wenn zu dem politischen Motive noch die Absicht, einen politischen Zweck zu erreichen, hinzutritt, wird die That selbst, soferne sie ein Delict constituirt, zu einem politischen Delicte. Jener Franzose, der im Elsass einen deutschen Soldaten aus Nationalhass ermordete[1]), beging kein politisches Delict, obwohl das Motiv seiner That eine die Politik betreffende Vorstellung und Empfindung gewesen. Hätte er seine That als Anfang einer sicilianischen Vesper gedacht, wäre seine Absicht nicht dahin gegangen, diesen Einen zu tödten, sondern damit das Signal zu einer politischen Action, zur Ermordung aller Deutschen, zu geben, so hätte man diesem Unternehmen trotz seiner Scheusslichkeit den politischen Charakter nicht absprechen können. So hat auch die französische Regierung mit vollem Rechte jenes Individuum, welches 1869 in Livorno auf den österreichischen F. M. L. Grafen Folliot de Crenneville, um sich an ihm wegen seiner Thätigkeit bei der Einnahme von Livorno im Jahre 1848 zu rächen, einen Mordanschlag unternahm, den italienischen Gerichten ausgeliefert. (Fiore-Antoine, No. 406 note 1.) Und ebenso hat sie mit Recht die Auslieferung der der Ermordung des Grafen Auerswald und des Fürsten Lichnowsky auf der Bornheimer Haide bei Frankfurt am Main beschuldigten Individuen zugestanden. (S. oben S. 62.) Auch in diesem Falle war das Motiv der That politische Leidenschaft; ein politischer Zweck aber liess sich nicht nachweisen. Ebenso war es eine politische Leidenschaft: Hass gegen die Priester, welche die Mörder des Erzbischofs Affre von Paris (Juni 1848) und den Mörder des Bischofs von Ermeland (Kühnapfel) zu ihren Verbrechen antrieb, ohne dass diese deshalb als politische Delicte behandelt werden dürften. Feindseligkeit wegen politischer Gegnerschaft war es auch, die die Communards von 1870

---

[1]) Hoseus S. 1057 (S. 65).

bewog, das Haus Thiers' zu plündern und zu zerstören: aber eine politische That, eine That zur Erreichung eines politischen Zweckes lag hierin nicht.

Anders möchte ich den Befehl Courbet's zur Zerstörung der Vendômesäule auffassen. Ihm war es um Vernichtung des Symbols und der Trophäen einer von ihm bekämpften Regierungsform zu thun. Seine That entsprang m. E. nicht blos aus politischer Leidenschaft, sie verfolgte auch einen politischen Zweck. Und in ihr concurrirte mit der Sachbeschädigung eine Manifestation des Hasses und der Verachtung gegen eine Regierungsform, welche, so lange diese Regierungsform die herrschende ist, als ein specifisch politisches Delict sich darstellt. Deshalb würde ich diese That, da sie ein **specifisch-politisches Verbrechen in sich enthält, für ein relativ-politisches Delict halten.**

Ganz selbstverständlich ist es, dass jene Excesse der Unsittlichkeit, welche mitunter während eines Aufstandes verübt werden, des Privileges der politischen Delicte nicht theilhaft werden dürfen. Wenn es daher richtig ist, dass Frankreich die von Spanien verlangte Auslieferung eines Carlistenchefs, welcher mehrerer während des Bürgerkrieges verübter Nothzuchtattentate beschuldigt war, aus dem Grunde verweigerte, weil diese Thaten „des faits connexes à un crime politique"[1]) gewesen seien, so entbehrte diese Weigerung jeder Begründung.

Und ebenso ist es eine Consequenz der entwickelten Auffassung, allen jenen Demonstrationen, welche so häufig gegen jemanden wegen seiner politischen Haltung, also aus politischen Motiven, stattfinden, den Charakter politischer Delicte abzusprechen, soferne diese Demonstrationen nicht etwa in der erweislichen Absicht eines politischen Zweckes erfolgt sind. Wer einem unpopulären Abgeordneten oder Minister die Fenster einwirft, ihn beschimpft oder misshandelt, ist im allgemeinen kein politischer Verbrecher. Ein politisches Delict wird eine solche That erst dann, wenn sie einen politischen Zweck verfolgt. Erst dann

---

[1]) Vgl. **A. de Stieglitz**, Etude sur l'extradition 1883 p. 119 und, insbesondere über die Fälle Santa Cruz und Famelieago, die Abhandlung Curet's in der France judiciaire vom 1. August 1872. p. 466.

concurrirt in ihr mit dem Thatbestande eines gemeinen Delictes die Vorbereitung oder Ausführung eines politischen Delictes: ein Zwang auf das politische Verhalten der insultierten Persönlichkeit oder etwa gar ein Versuch, den Souverän zur Entlassung des betreffenden gefährdeten oder beschimpften Ministers zu nötigen.

Am deutlichsten vielleicht zeigt sich der Unterschied zwischen gemeinen Delicten aus politischen Motiven und relativ politischen Delicten in Fällen einer Majestätsbeleidigung. In aller Regel beruht dieses Delict zwar nicht einmal auf einem politischen Motive.[1]) Aber, selbst wenn es aus einem solchen entsprungen wäre, ist die Beleidigung des Souveräns nur dann ein politisches Delict, wenn der Beleidigende die Absicht hat, durch seine Aeusserung den Souverän verächtlich zu machen, oder ihm die Zuneigung seiner Unterthanen zu entziehen (öst. St. G. B. §. 65 a). Wenn er, ohne einen politischen Zweck zu verfolgen, seiner Abneigung gegen Person oder Politik des Souveräns ungeziemenden Ausdruck gibt, bleibt dies, wie jede andere Beleidigung, ein gemeines Delict, welches sich von anderen Beleidigungen nur durch seine grössere Strafbarkeit unterscheidet.

Die Frage, ob eine That um eines politischen Zweckes willen unternommen war, also ein relativ-politisches Delict ist, oder ob sie nur aus einem politischen Motive entstanden ist, kann unter Umständen sehr schwierig sein. Fälle, welche an der Gränze stehen, sind z. B.: die Ermordung des Kriegsministers Grafen Latour am 6. October 1848 in Wien, die Ermordung Lincoln's durch Booth[2]) und Garfield's durch Guiteau.[3]) Hingegen war

---

[1]) Vgl. insbesondere Glaser's Rede in der Sitzung des österreichischen Abgeordnetenhauses vom 4. Juni 1872. (Kleine Schriften I. S. 800 ff. der 2. Aufl.)

[2]) So sprach z. B. der permanente Unterstaatssecretär des englischen Foreign office, Sir Edm. Hammond vor dem Select Committee von 1868 seine Ueberzeugung dahin aus, dass Booth nicht hätte ausgeliefert werden können. (Report from the Select Committee on extradition 1868 qu. 222.) Allerdings steht er mit dieser Ansicht ganz vereinzelt da. Vgl. Clarke, Appendix p. XXXIV.; und Westlake in seiner Abh.: What are the limitations, within which extradition should be recognized as an international duty in den Transactions of the Social Science Association 1876, welche Abh. mir leider unzugänglich geblieben ist. Vgl. über sie L. Renault p. 23.

[3]) Den politischen Charakter des letztgenannten Attentates hebt ins-

Mason's Attentat auf Guiteau jedenfalls ein nicht politisches Delict.

Es ist selbstverständlich, dass der Vorwand, im Interesse einer politischen Partei zu handeln, und selbst ein gewisser, loser Zusammenhang mit derselben, Briganten nicht das Recht gibt, die Behandlung als politische Verbrecher zu beanspruchen. So hat denn auch Frankreich einige Führer des neapolitanischen Brigantaggio an Italien ausgeliefert, obwohl dieselben in einer von der italienischen Regierung selbst oft betonten[1]) Fühlung mit den Anhängern der vertriebenen bourbonischen Dynastie standen.[2])

Wenn wir den Begriff des relativ-politischen Delictes in dem eben entwickelten Sinne verstehen, ergibt sich dadurch allerdings eine Einschränkung dieses Begriffes gegenüber der Auffassung Jener, welche das Motiv des Thäters entscheiden lassen. Aber unsere Sittlichkeit beruhigt sich bei dieser Einschränkung nicht. Es verletzt uns, einen Mörder, hätte er auch in den edelsten Intentionen gemordet, straflos ausgehen zu sehen.[3]) Wir können es zwar billigen, wenn derjenige freigesprochen wird, der einen von unheilbaren und qualvollen Leiden Betroffenen auf dessen dringendes Bitten getödtet hat. Aber in einem solchen Falle liegt auch kein Mord vor, mag immerhin die That unter den Mordbegriff eines schlecht redigirten Gesetzes fallen. Wer würde aber die Freisprechung dessen billigen, der einen unrettbar Kranken, um ihn von seinem Leiden zu erlösen, getödtet hätte, obwohl ihn dieser, in der trügerischen Hoffnung auf Rettung befangen, flehentlich gebeten, seiner zu schonen? Und so verlangt das

---
besondere Soldan, l. c. p. 13 hervor. Vgl. aber auch Lenepveu de Lafont in den Bulletins de la Société de législation comparée 1883, p. 303.

[1]) Relazione della commissione d'inchiesta sul brigantaggio letta alla camera 3. e 4. maggio 1863 (relatore Massari). (Camera dei Deputati, Sessione 1863 No. 58, B. p. 60 ff.) und Relazione Castagnola (ibidem p. 146 ff.).

[2]) Der Fall der Auslieferung der beiden La Gala und ihrer Consorten im Jahre 1863 ist noch in anderer Richtung bemerkenswerth und wird nach dieser in einem anderen Zusammenhange besprochen werden. Vgl. Fiore, trad. Antoine, p. 15.

[3]) So werden ausser mir gewiss noch Viele sich durch Soldan's Entscheidung, dass Booth und Guiteau nicht hätten ausgeliefert werden können, auf's Tiefste verletzt fühlen.

Bewusstsein des modernen Menschen — Ausnahmen, möchten sie selbst nach Tausenden zählen, kommen den Millionen gegenüber nicht in Betracht — Bestrafung dessen, der um, wie er meint, den Staat von schlechter Verwaltung zu befreien, den Souverän oder den leitenden Minister getödtet hätte.

Das Leben ist uns ein Gut von so unvergleichlichem Werthe, dass wir dasselbe keinem Zwecke geopfert wissen wollen. Die Opposition gegen die Todesstrafe, die zunehmende Scheu vor dem Kriege und die aufkeimende Achtung vor dem Leben der Thiere sind nicht misszuverstehende Aeusserungen dieser Werthschätzung des Lebens als solchen. Eine der Functionen dieses wichtigen modernen Culturphänomens ist auch der Abscheu vor dem politischen Morde. Der Energie dieses Abscheues thut es keinen Eintrag, dass derselbe anderen Zeiten fremd gewesen und dass er, wie es scheint, selbst manchen Völkern der Gegenwart, welche den den westeuropäischen Nationen gemeinsamen Bildungsgang nicht vollständig durchlebt haben, noch nicht völlig in Fleisch und Blut übergegangen ist.

Die Thatsache des Abscheues vor dem politischen Morde führt uns zu der Verneinung der zweiten der oben aufgeworfenen Fragen, zur Verneinung der Frage, ob alle relativ politischen Delicte gleich zu behandeln seien, ob wegen aller die Auslieferung verweigert werden müsse und zu der Erkenntnis, dass der Grundsatz der Nichtauslieferung wegen politischer Delicte zwar als Grundsatz beizubehalten, dass er aber erheblichen Ausnahmen zu unterwerfen sei.

VIII.
Die belgische Attentatsclausel.

Zunächst kann ich es daher nur, als den eben dargestellten sittlichen Empfindungen entsprechend, vollkommen billigen, dass eine Reihe von nach dem Jahre 1856 abgeschlossenen Auslieferungsverträgen infolge der Erfahrungen, welche man aus dem Anlasse von Jacquin's Attentat gemacht hatte, die Clausel enthalten: „Ne sera pas réputé délit politique, ni fait connexe à un semblable délit, l'attentat contre la personne du chef d'un gouvernement étranger ou contre celle d'un membre de sa famille, lorsque cet attentat constitue le fait, soit de meurtre, soit d'assassinat, soit d'empoisonnement." [1])

Célestin Jacquin hatte 1854 auf der Eisenbahnstrecke Lille-Calais eine Höllenmaschine angebracht, um den Zug, in welchem Napoleon III. nach Tournay fuhr, in die Luft zu sprengen. Es gelang ihm, sich nach Belgien zu flüchten. Nachdem sein dortiger Aufenthalt bekannt geworden, erklärte die Rathskammer des Gerichtshofes 1. Instanz den Verhaftsbefehl, welcher in Frankreich gegen ihn wegen Attentates gegen das Leben des Kaisers

---

[1]) Diese Clausel findet sich in der Beschränkung auf Attentate gegen Souveräne zuerst in der Nachtragsconvention zwischen Frankreich und Belgien vom 22. September 1856. Eine ziemlich vollständige Liste anderer Verträge, in welche dieselbe Aufnahme gefunden, gibt Teichmann a. a. O. S. 504, f. Vgl. über dieselbe insbesondere die, im Anschlusse an den Artikel Jomini's im Journal de St. Pétersbourg April 1879 über das Attentat Solowief, veröffentlichten Ausführungen Hornung's, Martens' und Saripolos' in der Revue de droit international XI. 518 ff.

und wegen Mordversuches gegen jene Personen, welche sich auf dem kaiserlichen Zuge befanden, erlassen worden war, für in Belgien vollstreckbar, weil sie erachtete, dass die fragliche That nicht als ein crime politique im Sinne des Auslieferungsgesetzes von 1833 aufgefasst werden könne. Ueber Einspruch des Beschuldigten aber erkannte die chambre des mises en accusation dessen Verhaftung als rechtswidrig, da die ihm zur Last gelegte That, wenn auch nicht ein politisches Verbrechen, so doch ein crime connexe à un fait politique constituire. Der Cassationshof, an welchen die Sache durch die Staatsanwaltschaft gebracht wurde, hingegen stimmte mit der 1. Instanz überein und cassirte am 12. März 1855 den Beschluss der 2. Instanz. Neuerdings in die 1. Instanz und zwar diesmal an den Gerichtshof in Lüttich verwiesen, erklärte dieser mit Entscheidung vom 29. März die Verhaftung Jacquin's für zulässig. Nach den belgischen Gesetzen war aber die Regierung, bevor sie über das Auslieferungsbegehren entschied, verpflichtet, das Gutachten der Brüsseler chambre des mises en accusation über die Frage, ob die Auslieferung Jacquin's zulässig sei, einzuholen, ohne jedoch an dieses Gutachten endgiltig gebunden zu sein. Die chambre des mises en accusation gab nun ihr Gutachten in der Hauptfrage in demselben Sinne ab, in welchem sie bereits in dem Incidenzstreite über die Frage der vorläufigen Verhaftung entschieden hatte, nämlich dahin, dass die That Jacquin's als politisches Delict aufzufassen sei und dessen Auslieferung daher nicht gewährt werden könne.

Die französische Regierung war gegenüber der belgischen so rücksichtsvoll, ihr die Nothwendigkeit einer Entscheidung in dieser überaus zweifelhaften Frage zu ersparen und zog ihr Auslieferungsansuchen zurück.[1]) Dafür verpflichtete sich die belgische Regierung durch Aenderung ihrer Gesetzgebung Vorsorge zu treffen, dass in Zukunft wegen eines ähnlichen Delictes die Auslieferung ohne Anstand gewährt werden könne. Das Ergebnis dieser Gesetzesänderung ist der oben mitgetheilte Zusatz zu

---

[1]) Billot p. 113 ff., Goddyn-Mahiels p. 130 ff., L. Renault p. 20 ff.

Art. 6 des Gesetzes vom 1. October 1833, welcher nach hartem Kampfe von der Deputirtenkammer angenommen und am 22. Mai 1856 promulgirt wurde. So unverkennbar der Fortschritt ist, welcher in dieser Clausel gegenüber der starren Negation der Auslieferung wegen jedes relativ politischen Delictes liegt, so kann man sich doch der Erkenntnis der Mängel dieses Gesetzes nicht verschliessen. So liegt ein Fehler des Gesetzes, auf welchen auch schon bei der Berathung in der belgischen Deputirtenkammer hingewiesen wurde, darin, dass es zu weit geht, wegen jeder Tödtung eines Souveräns oder eines Mitgliedes einer souveränen Familie, soferne dieselbe nur als meurtre aufgefasst werden kann, die Auslieferung zu gewähren. Es würde dem Gedanken, von welchem die in Frage stehende Ausnahme von dem Grundsatz der Nichtauslieferung wegen politischer Delicte ausgeht, gewiss nicht entsprechen, denjenigen, der bei einem Aufstande einen Souverän oder einen entfernten Verwandten eines solchen im offenen Kampfe getödtet hat, auszuliefern; und dennoch liesse sich nicht leugnen, dass seine That ein meurtre ist. Und ebenso würde es diesem Gedanken nicht entsprechen, wenn der Regierung einer Restaurationsepoche in Gemässheit dieser Bestimmung die Auslieferung jener Personen gewährt werden müsste, welche in Ausübung des ihnen von einer Regierung de facto übertragenen Amtes, als Richter eines Revolutionstribunales, also ohne ein von der restaurirten legitimen Regierung anerkanntes Mandat, für die Hinrichtung eines Souveräns oder eines Mitgliedes einer souveränen Familie votirt haben oder die Auslieferung jener, welche eine solche Hinrichtung etwa als Henker vollzogen haben. Und doch wäre deren That für die Auffassung desjenigen, der das Mandat der Zwischenregierung nicht anerkennt, ein meurtre!

Weit erheblicher aber als die Fehler des belgischen Gesetzes nach seiner affirmativen Seite sind die Fehler desselben in negativer Richtung. Die belgische Regierung wollte offenbar über die so schwierige Principienfrage nicht entscheiden und begnügte sich, den Erfordernissen des einzelnen Falles zu entsprechen. Das Gesetz ist ein Gelegenheits –, ein Verlegenheitsgesetz. Daher wurde die Auslieferung eben nur für jenen Fall zugestanden, welcher unmittelbar in Frage stand, für den Fall eines Attentates auf einen Souverän. Nun genügt es aber den Anforderungen unseres Sittlichkeits- und Rechtsbewusstsein durchaus nicht, dass nur die Ermordung des Souveräns eines der contrahirenden Staaten oder überhaupt die Ermordung eines Souveräns oder die irgend eines bez. gewisser Mitglieder souveräner Familien oder selbst die der Präsidenten von Republiken [1]) zur Auslieferung Anlass gibt. Unser Bewusstsein fordert, dass der Meuchelmörder, habe er wen immer ermordet, des Asylrechtes verlustig gehe. Dies hat bereits jene Commission anerkannt, welche die britische Regierung 1868 niedergesetzt hatte, indem sie einerseits die Aufstellung des Grundsatzes verlangte, dass Auslieferung verweigert werden müsse, wenn die dem requirirten Individuum zur Last gelegte That nach dem Ermessen des requirirten Staates einen politischen Charakter an sich trage, anderseits von diesem Grundsatze aber eine Ausnahme für jene Fälle statuirte, in welchen die betreffende That nach dem Ermessen des requirirten Staates Meuchelmord oder Meuchelmordversuch constituirt. (Resolution No. 5.) Leider ist aus Gründen, deren officielle Darstellung ich nirgends zu finden vermochte, nur der erste, nicht aber auch der zweite dieser Grundsätze in das englische Auslieferungsgesetz von 1870, 33. a. 34. Vict. c. 52 aufgenommen worden. Die Fälle, in welchen der requirirte Staat, mit Rücksicht auf den politischen Zweck der That, selbst einen Meuchelmörder nur mit innerem Widerstreben der Justiz überliefern könnte, sind so überaus seltene, dass man für sie eine gesetzliche Norm kaum formuliren kann. Denkbar sind auch solche Fälle allerdings. Ich brauche wohl nur an Charlotte Corday zu erinnern. Welche ausländische Regierung hätte sie dem Revolutionstribunale überliefern wollen?

---

[1]) Zuerst findet sich m. W. die Ausdehnung der Clausel auf jeden chef d'un gouvernement étranger im französisch-chilenischen Vertrage vom 11. April 1860. (Billot p. 117.) Der Vertrag Frankreichs mit dem Papste vom 10. Juli 1859 hatte, da nach canonischem Rechte Angriffe gegen Cardinäle als crimina laesae majestatis aufgefasst werden, für die crimes contre la personne du souverain ou des membres de sa famille, et, respectivement, des cardinaux de la St. Eglise Auslieferungspflicht statuirt.

[2]) Report p. III.

Die Correctur, deren der Grundsatz, dass Meuchelmord Auslieferungsdelict ist, mit Rücksicht auf solche Fälle bedarf, liegt in der, in einem andern Zusammenhange zu besprechenden Forderung, dass die Auslieferung nur dann erfolgen darf, wenn der Ausgelieferte nicht vor ein Ausnahmegericht gestellt wird. Ist dies ausgeschlossen, so kann man auch in Fällen jener Art mit ziemlicher Beruhigung ausliefern. Man kann wohl mit einiger Zuversicht sagen, dass eine politisch unbefangene, materielle Gerechtigkeit übende Jury Charlotte Corday freigesprochen hätte.

Trotz ihrer Mängel hat die Formel des belgischen Gesetzes Aufnahme in das niederländische Auslieferungsgesetz vom 6. April 1875, Art. II. No. 1 und in eine grosse Zahl von Verträgen gefunden.[1]) Sie findet sich in allen Verträgen Oesterreich-Ungarns[2]) und des Deutschen Reiches mit Ausnahme jener, welche mit einem der nachfolgend genannten Staaten abgeschlossen sind.[3])

---

[1]) Auch in der Literatur hat sie vielen Beifall gefunden. Unter anderm wäre auch nach den Thesen, welche v. Liszt dem deutschen Juristentage von 1882 zur Annahme empfahl, wegen complexer Delicte die Auslieferung zu verweigern und nur der Fall der unternommenen vorsätzlichen Tödtung des Staatsoberhauptes auszunehmen (These VII. und V.) und im Falle eines aus mehreren Thätigkeitsacten bestehenden zusammengesetzten Verbrechens dieses je nach seinem überwiegenden Charakter entweder als politisches oder als gemeines Delict zu betrachten und zu behandeln (These VIII.). Die letztere Formel, welche bereits Billot, Traité de l'extradition p. 107 vorgeschlagen hatte, verzichtet eigentlich, indem sie Alles dem Ermessen des requirirten Staates überlässt, auf jede Entscheidung der Frage nach Begriffen und Grundsätzen.

[2]) Die Verträge, welche im Namen der österreichischen Monarchie vor ihrer dualistischen Gestaltung abgeschlossen wurden, fallen in die Zeit vor der Erfindung der belgischen Clausel. Was Ungarn betrifft, so hat Ministerpräsident v. Tisza am 20. März 1880, auf eine Interpellation des Grafen Apponyi antwortend, erklärt, dass die Regierung solchen Staaten gegenüber, „mit welchen wir keine Verträge haben, den Gesichtspunkt als maassgebend betrachten würde, dass Verbrechen, welche in anderen Verträgen (also z. B. in dem mit Russland) als gemeine Verbrechen aufgezählt sind (z. B. die Attentate) nicht als politische Verbrechen betrachtet werden würden". (Pester Lloyd am 20. oder 21. März 1880.)

[3]) Eine Ausnahme gilt nur hinsichtlich des Vertrages der österreichungarischen Monarchie mit Schweden und Norwegen von 1868, in welchem die Clausel fehlt. Dieselbe findet sich in den späteren schwedisch-norwegischen Verträgen mit Frankreich von 1869 (Art. 7), mit Belgien

Nur England, die Vereinigten Staaten, Italien und die Schweiz haben es beharrlich abgelehnt, sie zu acceptiren.

England ist ihre Annahme zunächst durch das Gesetz von 1870 unmöglich gemacht. Aber selbst, wenn wir von diesem positiven Verbote absehen, dürfte den Engländern die Annahme der belgischen Clausel sehr schwer fallen. Es stünde derselben in der Meinung englischer Juristen wohl die ausdehnende Interpretation entgegen, welche sie den Worten „imagining the King's death" im Statute of Treason, der Grundlage des englischen Hochverrathsbegriffes, beimessen. Zufolge dieser Interpretation gilt jeder Versuch, den König abzusetzen, kraft einer praesumtio juris et de jure als Attentat gegen sein Leben.[1]) Wie es scheint, besorgen nun die englischen Juristen, dass, wenn die belgische Clausel in einen Auslieferungsvertrag aufgenommen würde, dadurch England zur Auslieferung wegen aller jener Delicte verpflichtet wäre, welche nach englischem common law Attentate gegen den König sind, ein imagining the King's death enthalten.

Auch Italien beruft sich darauf, dass die Annahme der belgischen Formel nach dem Stande seines geltenden Strafrechtes ausgeschlossen sei, indem das Attentat gegen fremde Souveräne, dessen Art. 176 des C. p. Sardo gedenkt (vgl. meine Abhandlung in der Ztschr. f. Strafrechtswissenschaft III. S. 417) unter die Delicte contro la sicurezza esterna dello Stato, somit unter die politischen Delicte aufgenommen ist.[2]) Wenn Italien ein Auslieferungsgesetz hätte, in welchem der Grundsatz, dass wegen politischer Delicte nicht ausgeliefert werden dürfe, enthalten wäre, würde daraus allerdings folgen, dass Italien keinen Vertrag abschliessen könne, in welchem wegen einer That, die,

---

von 1870 (Art. 6) und mit dem Deutschen Reiche von 1878 (Art. 6). Eine principielle Ablehnung derselben von Seite Schwedens liegt also nicht vor.

[1]) Vgl. z. B. Sir J. Stephen, History of the Criminal law of England II. p. 267 ff. und 277 ff. „Experience hath shown that between the prisons and the graves of princes the distance is very small." (Foster citirt bei Stephen p. 267, Lord Eldon, citirt ebendort p. 277).

[2]) Fiore, Effetti internazionali delle sentenze e degli atti (1877) II. 197.

ebenfalls einem Gesetze zufolge, politisches Delict ist, die Auslieferung versprochen würde. Da aber der gedachte Grundsatz in Italien keine gesetzliche Basis hat, sondern nur in den Verträgen ausgesprochen wird, so würde dies m. E. Italien nur hindern, in Kraft der bestehenden Verträge eine Auslieferung wegen einer solchen That zu gewähren[1]), nicht aber auch neue Verträge abzuschliessen, in welchen es sich zur Auslieferung in Fällen dieser Art verpflichtet. Die Schweiz macht insbesondere geltend, dass sie, wenn sie die in Rede stehende Clausel annehmen würde, nie in die Lage käme, die Reciprocität zu geniessen, dass sie also eine Verpflichtung übernehmen würde, ohne ein Aequivalent zu erhalten.[2]) Diese Auffassung berechtigt zu der Erwartung, dass die Schweiz einer Clausel, welche den Urheber eines zu politischen Zwecken verübten Meuchelmordes überhaupt des Asylrechtes für verlustig erklärt, keinen Widerspruch entgegensetzen würde. Der Regierung der Vereinigten Staaten hat m. W. Niemand den Vorschlag gemacht, auf diese Clausel einzugehen. Es wäre dies wohl auch ganz erfolglos. Frankreich hat die Bestimmung auch in die Mehrzahl der von der dritten Republik geschlossenen Verträge[3]) aufgenommen.[4])

So sehen wir, wie der Anerkennung dieses in der belgischen Attentatsclausel formulirten einzelnen Ausnahmefalles von der Regel der Nichtauslieferung wegen politischer Delicte gerade wegen seines singulären Charakters Hindernisse entgegenstehen, welche der Anerkennung einer umfassender gehaltenen Ausnahme nicht entgegengesetzt werden könnten. Wie unzureichend diese Ausnahme zur Correctur der nachtheiligen Folgen des

---

[1]) In diesem Sinne vgl. die ähnliche Argumentation des berühmten Gutachtens von 62 Pariser Advokaten (darunter J. Favre, Crémieux, Arago, Ferry, Grévy und L. Renault) zu Gunsten Ledru Rollin's vom 23. Jänner 1861 (abgedruckt im Report 1868 p. 162 ff.).

[2]) Teichmann a. a. O. p. 506 f., L. Renault, p. 24, Pfenninger a. a. O. S. 89 ff. Calvo II. p. 1267.

[3]) Verträge mit Belgien (1874), mit Luxemburg (1875), Monaco (1876), und Dänemark (1877).

[4]) Sie fehlt im Vertrage mit Peru von 1874 und auffallenderweise in dem mit Spanien von 1877. (Weiss, p. 186.)

gedachten Grundsatzes ist, hat sich denn auch nach dem Communeaufstande von 1871 gezeigt. Frankreich vermochte die Auslieferung der flüchtigen Communards nicht zu erlangen. Insbesondere scheint England sich gegenüber der officiösen Anfrage, ob es in der Lage wäre, einige der Führer des Communeaufstandes auszuliefern, so ablehnend verhalten zu haben, dass die französische Regierung es unterliess, amtlich um deren Auslieferung anzusuchen.[1]) Und in der That lässt es sich m. E. ebensowenig leugnen, dass wenigstens viele der während der Schreckensherrschaft verübten Gewaltthaten Verbrechen von politischem Charakter waren, als es sich leugnen lässt, dass einige unter den Urhebern solcher Verbrechen des Asylrechtes nicht würdig gewesen.

Es zeigte sich eben, dass die Formeln „Verbrechen von politischem Charakter" oder „Thaten, welche mit einem politischen Verbrechen zusammenhängen" zu weit sind[2]) und dass einzelne politische Verbrecher von dem Asylrechte ausgeschlossen werden müssen.

---

[1]) Selbst L. Renault, Crimes politiques p. 15 weiss hierüber nichts genaues. Das Versprechen der belgischen Regierung in der Sitzung der Deputirtenkammer vom 13. Mai 1871 (Goddyn et Mahiels p. 136), diejenigen auszuliefern, welche sich der Brandstiftung oder des Meuchelmordes schuldig gemacht, scheint unerfüllt geblieben zu sein. Vgl. auch Beach Lawrence IV. 382, Vazelbes. p. 73. Nach Weiss, p. 194 hätte die Schweiz die Auslieferung Razoua's (?) verweigert. Ueber den Fall Frankel s. unten S. 108.

[2]) Vgl. insbesondere L. Renault l. c. p. 14 ff. und P. Bernard II. p. 263 ff.

IX.
Die Formel des Institut de droit international.

Von dieser Erkenntnis, dass es unzulänglich sei, nur ganz allgemein zu sagen, dass wegen politischer Verbrechen Auslieferung nicht stattfinde, gingen denn auch all' die oben erwähnten Versuche aus, zu definiren, was politische Verbrechen im Sinne des in Rede stehenden Grundsatzes sind und durch eine einschränkende Fassung dieser Definition jene Fälle auszuschliessen, wegen welcher Auslieferung nicht verweigert werden soll. Dass eine zu diesem Zwecke unternommene Definition, welche einen Begriff des politischen Verbrechens in einem bestimmten Sinne erst schaffen, nicht einen in unserem Bewusstsein bereits enthaltenen nur entwickeln will, nicht blos auf das durch den Thäter angegriffene Rechtsgut, sondern insbesondere auch auf den Zweck, zu welchem er seinen Angriff verübt, sehen muss, dürfte nach den vorhergehenden Ausführungen klar sein. Aus diesem Grunde ist für uns eine Verwerthung jener Definitionen des politischen Verbrechens unmöglich, welche z. B. Haus, Principes généraux du droit pénal belge No. 113 oder Glaser in seiner Rede zu Art. 6 des Einführungsgesetzes der österr. St. P. O. (Kleine Schriften II. Aufl. I. S. 800 ff.) für andere Zwecke und in anderem Zusammenhange aufgestellt haben, mögen diese Definitionen auch für den besonderen Zweck, um dessenwillen sie formulirt wurden, noch so zutreffende Lösungen einer Controverse enthalten.

Andere Definitionen, wie jene Filangieri's, Ortolan's, (Elements No. 699 ff.) Bar's (Internat. Privatr. S. 592) Billot's (l. c.

p. 102) sind für die Praxis nicht brauchbar, weil sie zwar alle Angriffe auf den bestehenden politischen Zustand, mögen sie mit was immer für Mitteln verübt worden sein, für politische Delicte erklären, aber eben jene Frage unbeantwortet lassen, welche uns hier allein interessirt: die Frage, ob die einzelnen Stadien dieses Angriffes, wenn sie an sich den Begriffen gemeiner Verbrechen entsprechen, auch als solche in Betracht gezogen werden dürfen, oder ob ihr crimineller Charakter in dem Begriffe des politischen Verbrechens erschöpft sei.

Die Schriftsteller über politische Delicte pflegen unter den Definitionen derselben auch eine von J. St. Mill redigirte Formel anzuführen:[1] „A political offence is any offence committed in the course of or furthering of civil war, insurrection or political commotions", ohne zu erwähnen, dass Mill von der Meinung, dass diese Formel genüge, um jene Delicte, wegen welcher Auslieferung verweigert werden solle, zu charakterisiren, selbst abgekommen ist. Aus den Verhandlungen der Royal Commission on Extradition von 1868, welcher Mill als eines ihrer thätigsten Mitglieder angehörte, ergibt sich, dass auch er es für nöthig hielt, Meuchelmord grundsätzlich, also auch wenn im Laufe eines Bürgerkrieges verübt, von der Behandlung als politisches Delict auszuschliessen. (Report, p. XI., vgl. aber auch qu. 609 und 624, p. 32 und 33.)

In der That ist diese Definition Mill's sowohl zu eng als auch zu weit. Sie ist zu weit, indem sie wegen aller im Laufe politischer Unruhen verübter Schandthaten die Auslieferung ausschliesst, zu eng, indem sie wegen aller Gewaltthaten, welche ausser Zusammenhang mit einer weite Kreise ergreifenden politischen Bewegung geblieben sind, die Auslieferung zugesteht. Wer Jemanden während jener Stunde, in welcher dieser bei einer Wahl seine Stimme abzugeben hatte, einsperrt, oder wer ihn durch Drohungen zur Enthaltung von der Abstimmung oder

---

[1] So Fiore-Antoine p. 594; Clarke, Appendix p. XXXVI. Mill hat diese Definition offenbar in aller Eile formulirt, um einer Aufforderung Lord Stanley's in der Sitzung des Unterhauses am 3. August 1866 zu entsprechen.

zur Abstimmung in einem bestimmten Sinne nöthigt, müsste nach dieser Auffassung wegen Freiheits-Beschränkung oder Nöthigung ausgeliefert werden.

Doch muss anerkannt werden, dass eine Anregung, welche diese Definition J. St. Mill's gegeben hatte, nicht verloren gegangen ist. Es ist dies die Unterscheidung zwischen Gewaltthaten, welche im Laufe eines Aufstandes bez. eines Bürgerkrieges verübt worden sind, solchen, welche den Zweck haben, einen Aufstand zu erregen und endlich solchen, welche völlig isolirt begangen werden. Es liegt nahe, den Gewaltthaten der ersten, unter Umständen auch solchen der zweiten Art, wegen des ihnen in höherem Grade zukommenden historischen Charakters die Ausnahmsstellung der politischen Delicte eher zuzugestehen, als denen der letzten Art. Nur wird es unter Umständen schwer sein, zwischen Aufständen, welche den Zweck grundsätzlicher Aenderung der politischen Zustände verfolgen, welche also hochverrätherischen Charakters sind, und solchen, welche nur eine einzelne Regierungsmaassregel verhindern oder erzwingen, nur in die Staatsverwaltung eingreifen wollen, die richtige Gränzlinie zu ziehen. Denn man wird nicht jede Gewaltthat, welche aus Anlass irgend eines Aufruhrs gegen die Behörden verübt worden, als politisches Delict behandeln können. So ist es gewiss kein politisches Delict, wenn ein einzelner Pächter dem Grundeigenthümer, der gekommen ist, seinen Zins zu fordern oder dem Steuerbeamteten, der zum Behufe der Steuereinschätzung das Grundstück betritt, Gewalt entgegenstellt. Nur wenn ein solcher Widerstand unter jenen besonderen Umständen, wie sie z. B. in Irland zutreffen, sich ereignet, wird er ein politisches Delict sein. Und ebenso kann eine Zusammenrottung zur Befreiung eines Verhafteten, zur Vereitelung einer Pfändung, zur Insultirung einer Wache, zur Beschädigung eines Hauses (durch Einwerfen der Fenster desselben) unter Umständen ein politisches Delict sein, während ihr unter anderen Umständen jeder politische Charakter fehlt. Deshalb geht meines Erachtens die englische Commission von 1878 zu weit, wenn sie in ihrem Report, Sect. 3 behauptet, es könne die That dessen, der in der Absicht, politische

Häftlinge zu befreien, die escortirende Polizeimannschaft angreift und einen Mann derselben tödtet, oder der in gleicher Absicht an einem Theile des Gefängnisses Brand legt, niemals als politisches Delict behandelt werden.

Sehr häufig wird es auch geschehen, dass ein Aufstand, der bei seinem Beginne jedes politischen Charakters ermangelt, desselben im weiteren Verlaufe seiner Entwickelung theilhaftig wird. Unrichtig wäre es daher, den ersten Anlass und den ursprünglichen Zweck eines Aufstandes bei Beantwortung der Frage, ob derselbe von politischem Charakter sei, allein zu berücksichtigen. So können die aus Anlass eines Arbeiterstrikes entstandenen Unruhen in ihrem weiteren Verlaufe, dadurch, dass die strikenden Arbeiter mit einem immer grösseren Theile der Staatsmacht und der staatlichen Institutionen in Conflict gerathen, ganz gut zu politischen Unruhen werden. Dies ist wohl auch der Sinn jener auf den ersten Blick so befremdenden Entscheidungen englischer Richter, dass auch ein Aufstand, welcher den Zweck verfolgte, die Umzäumungen von Weideplätzen niederzureissen, oder ein Aufstand zur Zerstörung aller Bordelle in ganz London, oder eine Rebellion, um neu erfundene Maschinen, durch welche viele Arbeiter brodlos werden, zu beschädigen, unter Umständen Hochverrath (constructive high treason), also politische Delicte seien.[1]) Alle Welt ist darüber einig, dass es sehr unpassend ist, Thaten dieser Art einem wirklichen Hochverrathe gleichzustellen, wie denn auch die Criminal Code Bills von 1878 und 1879 dieselben nicht mehr als Hochverrath behandeln. (Vgl. auch Stephen a. a. O. II. p. 285.) Gleichwohl liegt dieser englischen Auffassung die richtige Anschauung zu Grunde, dass grosse Aufstände zur Verwirklichung irgend eines, ganze Volksclassen berührenden Zweckes in ihrem Verlaufe häufig einen politischen Charakter annehmen. Jede sociale Frage ist eben auch ein politisches Problem.

Nicht blos politische Rücksichten sind es, welche für die Auffassung eines fremden Staates Gewaltthaten, die im Laufe

---

[1]) Vgl. Sir J. Stephen, History II. 270 ff.

eines Bürgerkrieges oder eines grösseren Aufstandes verübt worden, in einem ganz anderen Lichte erscheinen lassen, als isolirte Gewaltthaten eines Einzelnen; auch eine nur von strafrechtlichen Erwägungen geleitete Beurtheilung kann sich der Würdigung jener eigenthümlichen Situation nicht verschliessen, in welcher sich derjenige befindet, der im Laufe eines grossen, mehr oder minder organisirten Aufstandes entweder selbst Gewaltthaten verübt oder deren Verübung durch Andere anordnet. Jeder von beiden befindet sich in einer Situation, welche, wenn sie legal begründet wäre, seine Verantwortlichkeit ausschliessen würde. Denken wir uns den Angeklagten nicht als Führer oder als Theilnehmer eines Aufstandes, sondern als Feldherrn oder Soldaten einer Armee, so wären die fraglichen Thaten desselben durch ihre Pflichtmässigkeit, oder durch Nothstand oder durch bindenden Befehl gerechtfertigt. Auf diesen Nothstand des Commandirenden und auf den dem Commandirten von einem, der Macht über ihn besitzt, ertheilten Befehl wird nach dem Rechte des Staates, gegen dessen Regierung der Aufstand gerichtet ist, selbstverständlicherweise keine Rücksicht genommen, weil der Angeklagte schon dadurch, dass er sich in die betreffende, ihn zwingende oder verpflichtende Situation begeben, eines Verbrechens sich schuldig gemacht hat. Anders aber liegt die Sache für den unbetheiligten Staat. Das blosse Sichanschliessen an die aufständische Bewegung gegen die Regierung eines fremden Staates ist nach unserem Rechte — abgesehen etwa von einer Strafdrohung wider feindliche Handlungen gegen befreundete Staaten — kein Verbrechen. Die durch diesen Anschluss begründete Situation verliert deshalb ihre eventuelle Wirksamkeit als Strafausschliessungsgrund nicht. Das Gericht des unbetheiligten Staates kann dem untergeordneten Theilnehmer einer gewaltsamen Umwälzung nicht zumuthen, dass er, vielleicht mit Gefahr seines eigenen Lebens, dem ihm ertheilten Befehle Gehorsam versage, und es kann die Leiter derselben nicht für verpflichtet erachten, sich, ebenfalls mit Gefahr ihres Lebens, von einer Bewegung, die sie angestiftet, in jenem Momente zurückzuziehen, in welchem sie vielleicht vorübergehend mit deren Entwickelung nicht einverstanden sind.

Mit Einem Worte: das Gericht des unbetheiligten Staates kann nicht die Thaten derjenigen als aus freier, unbeeinflusster Entschliessung entspringend fingiren, welche sich in Situationen befinden, die, wie wohl Jedermann einsieht, die Möglichkeit überlegter, freier Entschliessung des Einzelnen nahezu aufheben.

Auch für den angegriffenen Staat selbst ist die Subsumtion der im Laufe eines Aufstandes verübten Gewaltthaten unter das Strafgesetz nur dadurch möglich, dass er diejenigen, welche sich der rechtmässigen Obrigkeit widersetzen, der Rechte des Nothstandes und der Nothwehr für verlustig erklärt. Hiezu hat aber ein fremder Staat, für welchen die Erhaltung der angegriffenen Autorität nicht alle anderen Zwecke überwiegt, keinen Anlass. Wenn er den Widerstand gegen die im Auslande constituirte Gewalt nicht an und für sich für verbrecherisch erklärt, sondern, dem Grundsatze der Nichtintervention folgend, die streitenden Parteien als gleichberechtigt behandelt, kann er nicht zum Nachtheile einer derselben jenen Umständen, welche im allgemeinen die Strafbarkeit von Gewaltthaten ausschliessen, der zwingenden Gefahr und der Selbstvertheidigung, die Anerkennung als Strafausschliessungsgründe deshalb versagen, weil die Gewalt, von welcher die Gefahr für den Angeschuldigten ausging, und gegen welche er sich vertheidigte, allein berechtigt und der Widerstand gegen sie rechtswidrig ist, oder weil er nur durch seinen Anschluss an die rechtswidrige Bewegung in die betreffende Gefahr gerathen ist.

Die Aehnlichkeit, welche die Situation der Kämpfer in einem Bürgerkriege mit der der Combattanten im internationalen Kriege für die Auffassung der unbetheiligten Staaten darbietet, ist wohl der Anlass für den Vorschlag gewesen, die Frage der Auslieferung wegen in einem Bürgerkriege verübter Delicte dahin zu beantworten, dass Auslieferung verweigert werden solle wegen jener Thaten, welche nach Kriegsgebrauche gerechtfertigt wären, dass sie hingegen zu gewähren sei wegen jener, welche auch der Kriegsgebrauch nicht zu rechtfertigen vermöchte. Dudley Field, Draft outlines of an international Code Art. 215 scheint der Erste gewesen zu sein,[1]) welcher eine entsprechende Clausel vorschlug. Ihm folgte zunächst die Association pour la reforme et la codification du droit des gens auf ihrem Congresse im Haag 1875, indem sie, entgegen dem Antrage ihres Berichterstatters Coninck Liefsting (s. über diesen unten S. 95) den Beschluss fasste: „L'extradition n'aura pas lieu pour un fait commis dans une commotion ou lutte politique intérieure, si ce fait, commis dans la guerre, pourrait étre justifié selon le droit des gens."[2]) Im weiteren Verlaufe schloss sich auch Westlake in seinem oben S. 71 citirten Vortrage vor der National Association for the Promotion of Social Science dieser Fassung an und endlich nahm auf Grund eines von ihm im Vereine mit Bluntschli und Martens gestellten Antrages[3]) das Institut de droit international auf seinem Congresse zu Oxford 1880 mit einer Majorität von drei Stimmen (12 gegen 9) die Formel an: Pour apprécier les faits commis au cours d'une rebellion politique, d'une insurrection ou d'une guerre civile, il faut se demander, s'ils seraient ou non excusés par les usages de la guerre. Diese Formel, welche schon auf dem Congresse selbst den lebhaftesten Widerspruch von Seite des Vorsitzenden des Institutes Mountague Bernard und des Professor Pierantoni gefunden,[4]) hat aber, wie wohl vorhergesehen werden konnte, die Frage nicht zum Abschlusse gebracht. Sie ist seither für eine Reihe bewährter Forscher auf den Gebieten des Völkerrechtes und des Strafrechtes Gegenstand kritischer Untersuchung geworden und man kann sagen, dass sie dieser Kritik nicht Stand gehalten hat.[5])

---

[1]) Brusa im Annuario II. 136 citirt die betreffende Stelle schon nach einer mir nicht zugänglichen älteren Auflage und nach Pierantoni's Uebersetzung vom Jahre 1874.

[2]) Brusa, im citirten Annuario 1881, II. p. 136. Vergl. auch Bulletins de la Société de legislat. comp. 1878 p. 379.

[3]) Annuaire de l'Institut III. et IV. p. 295. (Brüssler Session.)

[4]) Annuaire de l'Institut V. p. 118.

[5]) Ganz besonders haben sich gegen sie ausgesprochen v. Liszt, Zeitschrift II. S. 73 ff. und Brusa, Annuario cit. II. p. 132 ff. Auch v. Bar, Gerichtssaal XXXIV. (1883) 504 hebt die Mängel dieser Fassung hervor und Bard, Précis de droit international pénal et privé, Paris 1883 p. 47 f., vermag auch durch gekünstelte Interpretation nicht über sie hinwegzukommen.

Der Trugschluss, auf welchem diese Formel beruht, tritt m. W. nirgends deutlicher zu Tage als in der 2. Auflage Fiore's.[1]) Mit vollem Recht weist dieser um die Darstellung und Entwicklung des öffentlichen Rechtes, insbesondere des internationalen Strafrechtes, hochverdiente Schriftsteller darauf hin, dass das Vorschützen eines politischen Zweckes nicht hinreichen dürfe, um demjenigen Straflosigkeit zu sichern, der während eines Bürgerkrieges ein Verbrechen gegen Person oder Eigenthum verübte, welches nicht als ein nothwendiges Mittel zur Erreichung des betreffenden politischen Zweckes gerechtfertigt war (qui ne saurait se justifier par la nécessité de le consommer pour atteindre le but politique). In der That liegt der Grund der Gleichstellung der zu politischen Zwecken verübten gemeinen Delicte mit den specifisch politischen Delicten darin, dass die ersteren unter Umständen die unvermeidlichen Mittel zur Verwirklichung jener politischen Bestrebungen sind, in denen das Wesen des specifisch politischen Delictes gelegen ist. Will ein fremder Staat also gegen die letzteren nicht Stellung nehmen, so muss er bis zu einem gewissen Grade auch die ersteren ignoriren. Selbstverständlich kommt die privilegirte Stellung der relativ-politischen Delicte daher jenen Thaten nicht zu, welche zwar im Verlaufe eines Bürgerkrieges verübt wurden, welche aber rein individuellen Zwecken, der Befriedigung der Habgier, Genusssucht, Rache des Thäters, nicht der Absicht, das politische Unternehmen zu fördern, entspringen, mögen sie auch vielleicht durch Einschüchterung der politischen Gegner in unbeabsichtigter Weise zum Gelingen des Unternehmens beitragen (s. oben S. 70, ff.). Ganz richtig ist es daher, wenn Fiore fortfährt: „Ebenso wie man es zulässt, dass jene Combattanten einer regelmässigen Armee, die während der kriegerischen Operationen Handlungen verüben, welche nicht durch ihre Nothwendigkeit für die Zwecke des Angriffes oder der Vertheidigung gerechtfertigt sind, hiefür verantwortlich werden, ebenso sollte man auch die Verantwortlichkeit

---

[1]) Ed. Antoine p. 600. In der ersten Auflage (Effeti internazionali delle sentenze e degli atti II. 1877) fehlt die betreffende Stelle, welche also wohl erst in den oben erwähnten Anträgen Westlake's ihren Anlass haben dürfte.

jener Individuen zugestehen, welche, indem sie an einem Bürgerkriege theilnehmen, ein für diesen Bürgerkrieg nicht nothwendiges gemeines Verbrechen verüben" (qui en prenant part à une guerre civile, commettent un délit de droit commun, qui n'est pas nécessité par cette guerre).

So hatte denn auch Arntz, wahrscheinlich in Beantwortung des von Renault ihm übersendeten Fragebogens (Annuaire V. p. 70), vorgeschlagen, von der Auslieferung die délits communs auszunehmen „lorsqu'ils sont des moyens *indispensables* ou du *moins très utiles* pour perpétrer le délit politique" (Annuaire V. 84), indem er sich darauf berief, dass es als politisches Delict behandelt werden müsse, wenn Jemand eine öffentliche Casse (m. E. auch eine Casse im Privateigenthum) plündert, um eine Insurrection zu unterstützen.[1]) Wenn nun aber Fiore aus seinem Grundsatze die Folgerung ableitet, dass daher (dès lors) wegen der im Verlaufe eines Bürgerkrieges verübten Attentate gegen Person und Eigenthum die Auslieferung nur dann verweigert werden solle, wenn diese Thaten solcher Art sind, dass sie auch, wenn sie in Kriegszeiten von Personen, welche einer regulären Armee angehören, verübt worden wären, nicht bestraft werden könnten, so vermag ich die Folgerichtigkeit dieses Schlusses nicht zuzugeben. Die Nothwendigkeiten eines Bürgerkrieges sind von denen eines regulären Krieges sehr verschieden. Viele Gewaltthaten, welche in einem regulären Kriege weder zum Angriffe noch zur Vertheidigung nothwendig sind, sind es im Verlaufe, namentlich im Beginne eines Bürgerkrieges. Ich erinnere nur an Einschüchterungen der Bevölkerung, wie das boycotting in Irland.

Viele Gewaltthaten, welche nach Kriegsrecht in einem internationalen Kriege rechtswidrig sind, können in einem Bürger-

---

[1]) Es scheint, dass jener wegen Veruntreuung von Geldern aus öffentlichen Cassen verfolgte Russe, dessen Auslieferung die russische Regierung bei ihrem Ansuchen um die Auslieferung Hartmann's als einen Präcedenzfall geltend machte, nur deshalb von der französischen Regierung war ausgeliefert worden, weil sie seine Angabe, er habe das ihm zur Last gelegte Delict nur zur Unterstützung der russischen Revolutionspartei verübt, für nicht glaubhaft fand. Vgl. Calvo, Droit international, 1880, §. 1269.

kriege gar nicht vermieden werden. Insbesondere ist es zu Beginn eines Bürgerkrieges unmöglich, jene Formen einzuhalten, an die das moderne Kriegsrecht die Berechtigung zur Ausübung von Feindseligkeiten knüpft. Woher sollen die Aufständischen sofort im Beginne ihres Unternehmens die Uniformen oder sonstigen auf Distanz sichtbaren, nicht nach Willkür zu entfernenden und nach Willkür wieder aufzunehmenden Abzeichen hernehmen, durch welche sich nach Kriegsrecht der Combattant vom Nichtcombattanten unterscheiden muss? Wie soll vom ersten Momente jene Einheitlichkeit und Verantwortlichkeit der Leitung begründet sein, welche die Grundlage des die That des Untergebenen entschuldigenden, bindenden Befehles des Vorgesetzten bildet? Woher sollen die Aufständischen schon von Anfang des Aufstandes an die Summen hernehmen, um die von ihnen requirirten Mittel der Kriegsführung (Waffen, Munition, Proviant, Transportmittel u. s. f.) zu bezahlen? Oder wird man den Bons, welche sie etwa ausstellen, den gleichen Werth wie denen der angegriffenen Regierung zugestehen? Wird das Kriegsrecht ausreichen, um sie zu Repressalien gegen die Maassregeln der Regierung für berechtigt zu halten? Wenn die Regierung, wie natürlich, die Theilnehmer des Aufstandes nicht als Kriegsgefangene, sondern als Hochverräther behandelt und von ihren Tribunalen als solche verurtheilen lässt, wird das Kriegsrecht ausreichen, um den Aufständischen auch nur das zu ihrer Vertheidigung unabweislich nothwendige Recht zuzugestehen, die Kundschafter der regulären Truppen als Spione zu behandeln? Wird das Kriegsrecht ausreichen, um den Aufständischen innerhalb jenes Gebietes, dessen Bewohner sich dem Aufstande angeschlossen haben, die Rechte des occupirenden Kriegsfeindes einzuräumen? Wie wird festgestellt werden können, ob die Bewohner eines bestimmten Gebietes sich dem Aufstande angeschlossen haben oder nicht, die Autorität welcher der beiden sich bekämpfenden Regierungen also auf diesem Gebiete zur Zeit des in Frage stehenden Verhaltens thatsächlich galt?

In all' den angeführten Fällen ist also die Gefahr eine beträchtliche, dass die Regierung des um Auslieferung eines Theilnehmers an dem überwundenen Aufstande angegangenen Staates und die Regierung des dieses Individuum verfolgenden Staates sich nicht darüber einigen können, ob die demselben zur Last gelegte That nach Kriegsrecht gerechtfertigt sei oder nicht. Internationale Streitigkeiten, Bedrückungen schwacher Staaten durch starke, also eben jene Gefahren, welchen man durch Aufstellung fester Regeln des Völkerrechtes begegnen will, werden durch eine Formulirung wie die vom Institut vorgeschlagene geradezu herbeigeführt.

Die Bedingungen, unter denen ein Aufstand oder ein Bürgerkrieg operirt, sind insbesondere im Beginne desselben so grundverschieden von denen eines auf beiden Seiten von regulären, strenger Disciplin unterworfenen Truppen geführten internationalen Krieges, dass es nicht angeht, die Zwischenfälle desselben nach den für den internationalen Krieg geltenden Grundsätzen behandeln zu wollen. Insbesondere ist es eine nothwendige Consequenz des Umstandes, dass die angegriffene Regierung ihre Gegner nicht als Kriegsfeinde sondern als Verbrecher behandelt, dass diese ihrerseits sich zu Mitteln der Kriegsführung für berechtigt erachten, welche im internationalen Kriege verpönt sind. Die reciproke Anwendung dieser Maassregeln von Seite der Aufständischen gegenüber den Truppen der bestehenden Regierung wird aber von dieser als Verletzung des Völkerrechtes dargestellt werden. Bei Verfolgung von Verbrechern ist insbesondere der List ein viel grösserer Spielraum verstattet als im Kriege. Die angegriffene Regierung wird daher kaum ein Bedenken tragen, die Abzeichen, Uniformen und Fahnen der von ihr als Verbrecher angesehenen Aufständischen zu dem Zwecke zu gebrauchen, um deren Truppen in einen Hinterhalt zu locken. Eben deshalb wird aber eine fremde Regierung, welche diesem Aufstande gegenüber völlig unparteiisch bleiben will, auch die Aufständischen, wenn sie sich der Abzeichen der legitimen Regierung zu dem gleichen Zwecke bedienen, nicht eines völkerrechtswidrigen Vorgehens für schuldig erachten können, obwohl ein Vorgehen gleicher Art in einem internationalen Kriege in der That den Grundsätzen des heutigen Kriegsrechtes widersprechen würde. Ebenso wird die legitime Regierung kein Bedenken tragen, auf die Ergreifung und Einlieferung eines Führers des Aufstandes „ob todt oder lebendig" einen Preis auszuschreiben. Sie wird ihn eben als Verbrecher und nicht als Kriegsfeind behandeln. Ist dies nun von Seite der constituirten Regierung geschehen, so wird man es dem so in seinem Leben bedrohten Chef des Aufstandes nicht verübeln können, wenn er „nach gleichem Rechte" einen Preis auf die Ergreifung eines Chefs der Gegenpartei aussetzt. Nach Kriegsrecht ist dies gewiss rechtswidrig und unerlaubt.[1]) Aber wird ein Richter eines fremden Staates ihn deshalb wegen Anstiftung zur Freiheitsbeschränkung oder zum Morde verurtheilen wollen? Auch sonst wird die angegriffene Regierung den Aufständischen gegenüber geneigt sein, zu Mitteln zu greifen, welche ihr einem Kriegsfeinde gegenüber durch das Völkerrecht verboten wären. Wenn sie aus uncivilisirten Horden zusammengesetzte Truppen zu ihrer Verfügung hat, wird sie dieselben mit Vorliebe auf die Aufständischen loslassen, obwohl sie sich derselben im internationalen Kriege nicht bedienen dürfte. Wird man es dann den Aufständischen als ein Vergehen gegen das Völkerrecht zur Last legen, wenn sie von kriegsrechtlich verpönten Angriffs- oder Vertheidigungswaffen Gebrauch machen, etwa der Petersburger Convention vom 11. December 1868 zuwiderhandeln?[2]) — Die Formel des Institut passt daher nur für jene Fälle, an welche derjenige, der sie zuerst vorgeschlagen, allein gedacht hat. Sie ist, wie gesagt, amerikanischen Ursprungs. Ihrem Urheber Dudley Field schwebte, als er sie concipirte, jedenfalls das Bild jenes Bürgerkrieges vor, der sein Vaterland ein Decenium vorher verheert hatte. Dieser Bürgerkrieg unterschied sich aber von Bürgerkriegen und Aufständen, wie sie in Europa sich abspielen, ganz wesentlich dadurch, dass die legitime

---

[1]) Vgl. Art. 148 der amerikanischen Kriegsartikel, und Perels, d. internat. öff. Seerecht S. 194.

[2]) So anerkennt auch Heffter, Völkerrecht §. 119 a. E. (vgl. §. 114), dass für Bürger- und Parteikriege die internationalen Kriegsregeln erst dann in Kraft treten, wenn die beiden Parteien „einen getrennten territorialen Besitzstand gegen einander erlangt haben und behaupten".

Regierung der Nordstaaten von allem Anfange an darauf verzichtet hatte, die Combattanten der Südstaaten als Verbrecher zu behandeln und dass nicht blos der einen der beiden im Kampfe einander gegenüber stehenden Mächte reguläre Truppen zu Gebote standen, während die andere nur auf Freischaaren angewiesen gewesen wäre, sondern dass auf beiden Seiten sowohl reguläre Truppen als solche Streitmächte kämpften, welche erst im Laufe des Krieges zu Soldaten herangebildet wurden, so dass also jene Gleichheit der Verhältnisse zwischen den Anhängern der legitimen Regierung und den Aufständischen obwaltete, welche die Voraussetzung der Anwendbarkeit der Regel des Institut ist. Wo sonst eine solche Gleichheit der Verhältnisse besteht, wie z. B. bei einer Militärrevolution, einem Pronunciamento eines militärischen Commandanten gegen die legitime Regierung, wo also von Anbeginn Eine völlig organisirte und disciplinirte Macht der anderen gegenüber steht, mag diese Regel anwendbar sein; auf den Aufstand einer Volksmasse gegen die consolidirte Staatsmacht ist sie nicht anwendbar.

So sehr es den oben S. 84, f. entwickelten Anforderungen entspricht, nicht blos die in einem völlig ausgebildeten Bürgerkriege, sondern auch schon die in einem grösseren, politische Zwecke verfolgenden Aufstande verübten Gewaltthaten von denen eines Einzelnen oder einiger weniger, ohne Zusammenhang mit der Masse des Volkes handelnder Individuen zu unterscheiden, so berechtigt daher der Antrag Pierantoni's gewesen, die Formel des Institut auch auf die aus Anlass einer rébellion politique verübten Thaten auszudehnen,[1]) so tritt doch gerade, nachdem das Institut dieser Anforderung entsprochen hatte, der Mangel der Analogie zwischen den Zuständen eines internationalen Krieges und denen eines Aufstandes, die Unbrauchbarkeit der Sätze des Kriegsrechtes für die Beurtheilung der Zwischenfälle in einem Aufstande nur um so schroffer hervor.

---

[1]) Der Entwurf sprach nur von den „faits commis au cours d'une insurrection ou d'une guerre civile." Erst auf Pierantoni's Antrag wurde die Bestimmung auch auf die im Laufe einer rébellion politique verübten Thaten ausgedehnt. Annuaire V. 118.

Mit vollem Rechte legte daher Teichmann, Revue de droit international (1879) XI. p. 500 das Gewicht nicht darauf, ob die betreffenden Thaten nach Kriegsrecht, sondern ob sie nach den „usages de sédition, d'insurrection ou de guerre civile" gerechtfertigt sind.[1]) So richtig diese Formel für die theoretische Beurtheilung ist, so unbrauchbar wäre sie aber für die Praxis, so ungeeignet für die Aufnahme in ein Gesetz oder einen Vertrag. Sind schon die Usancen des Krieges sehr zweifelhaft — Zeuge dessen das Scheitern der Brüssler Conferenz — so sind die der Aufstände und Bürgerkriege vollends einer Aufzählung in abstracto unfähig. Teichmann enthält sich daher auch mit vollem Rechte des Versuches, diese theoretisch richtige Formel für die Praxis zu verwerthen. Uebrigens hat die vom Institut adoptirte Formel das Missgeschick gehabt, von demjenigen, der sie zuerst angeregt hatte, fallen gelassen zu werden. War es doch Dudley Field, der auf dem Kölner Congresse der Association pour la reforme et la codification du droit international den Antrag stellte, für die Zukunft in alle Auslieferungsverträge die Clausel aufzunehmen, dass assassinat und tentative d'assassinat, auch wenn politische Unzufriedenheit ihre Motive sind, nicht als politische Delicte zu behandeln d. h. dass sie als ausreichende Substrate eines Auslieferungsbegehrens anzuerkennen seien.[2])

Manche Vorzüge vor der Formel des Institut besitzt auch die von Coninck Liefsting in seinem oben citirten Referate p. 12 vorgeschlagene, von Goos l. c. II. p. 125 unverändert und von Teichmann l. c. p. 501 mit einer leichten Modification acceptierte Formel, welche es als entscheidend ansieht, ob die im Verlaufe von inneren Unruhen verübten Gewaltthaten gerechtfertigt wären, wenn die Partei, der ihr Urheber angehört, im Rechte wäre.[3]) Aber auch diese Formel weist zwar auf ein für

---

[1]) Aehnlich beurtheilt auch Ortolan, l. c. No. 730 f. (I. p. 314 f.) die Frage; obwohl er von der Rechtfertigung durch Kriegsrecht spricht, entscheidet er die Frage doch danach, ob die betreffenden Acte „appartiennent à la lutte politique".

[2]) Lenepveu de Lafont in den Bulletins de la Société de législation comparée 1883 p. 304.

[3]) Il n'y aura pas d'extradition pour tous les faits contre les personnes.

die wissenschaftliche Beurtheilung der betreffenden That werthvolles Kriterium hin, sie ist aber keine für den internationalen Verkehr brauchbare Regel, deren wichtigste Aufgabe es ist, die Zweifel zu lösen, welche Fälle unter sie fallen und welche nicht.

Zum Schlusse dieser Uebersicht der neueren Reformvorschläge müssen wir noch desjenigen gedenken, welcher in Art. 11 des St. G. Entwurfes für Russland von 1882 gemacht wird. Derselbe steht in directem Gegensatze sowohl zu der bisherigen geschichtlichen Entwicklung des Auslieferungsrechtes wie zu der gesammten Theorie des Völkerrechtes und Strafrechtes seit einem halben Jahrhundert. Was aber das sonderbarste ist, das ist der schroffe Widerspruch, in dem dieser Art. 11 zu den Motiven steht, welche die russische Regierung gleichzeitig unter dem Titel von „Erläuterungen zu dem Entwurfe der Redactionscommission" in die Welt hinausgesendet hat.

„Nach Ansicht der Commission dürfte es geboten sein, in dieser Beziehung (auf Auslieferung oder Nichtauslieferung) den Unterschied durchzuführen zwischen Handlungen, welche auf Aenderung der bestehenden Regierungsform, wenn auch mit gewaltsamen Mitteln, auf die Vernichtung der Unabhängigkeit und Integrität des Staates gerichtet sind, und jenen Unthaten, welche unter dem Deckmantel politischer Formen, als eine Bethätigung entfesselter Leidenschaften erscheinen oder aber die Grundlagen der Existenz jedes Gemeinlebens negieren". (S. 56) und weiter „die Commission hielt dafür, dass die geeignetste Art der Bezeichnung (der politischen Verbrechen) von praktischer Seite ein direkter Hinweis auf diejenigen Artikel ist, welche die als politische Verbrechen anzuerkennenden Vergehen normiren, obwohl diese im Auslande und gegen einen fremden Staat begangen sein sollten. Dabei müssen selbstverständ-

---

contre les propriétés ou contre la chose publique, si ces faits sont commis dans une lutte politique intérieure ou guerre civile et quand ils pourraient être légitimes, si le parti de celui qui les a commis, serait dans son droit. Ich setze diese Formel selbst hieher; da ich mir im Texte erlaubt habe, sie nicht ganz wörtlich zu übersetzen, sondern in einer Fassung wiederzugeben, die mir einigen Bedenken zu begegnen scheint, die man gegen sie erheben könnte.

lich zu dieser Gruppe politischer Verbrechen auch diejenigen Handlungen bezogen werden, welche mit irgend welchen gewaltsamen Handlungen verbunden waren, sofern diese letzteren gewisse Entwicklungsmomente des Versuches, die staatliche Ordnung zu erschüttern oder zu stürzen, bilden; so kann der Hochverrath, wenn er aus dem Stadium der Verschwörung in dasjenige des Handelns überging, unzweifelhaft auch Fälle von Tödtung verschiedener Personen oder Inbrandsetzung von Gebäuden oder Zerstörung derselben in sich schliessen, da alle diese Handlungen die nothwendigen Bedingungen des Versuches einer gewaltsamen Umwälzung sein können. Die Abschätzung der Wechselbeziehung zwischen dem vom Schuldigen gesteckten Ziele und den Handlungen dieser Art ist nur unter specieller Würdigung jedes einzelnen Falles möglich, wobei das Gericht, wie die Oxforder Versammlung der Vertreter des Völkerrechtes v. J. 1880 vorschlug, sich jedesmal die Frage stellen darf: waren ähnliche Handlungen nach dem Kriegsrechte und Kriegsgebrauche zulässig und gerechtfertigt?"

Mit diesen ihren Sätzen steht die Commission in voller Uebereinstimmung mit Wissenschaft und Praxis des internationalen Strafrechtes seit fünfzig Jahren. Bedenklich ist nur der zweite dieser Sätze wegen der Schwierigkeit, die Aufzählung der in demselben gemeinten politischen Delicte in der Art zu veranstalten, dass dabei der Schlusssatz seine Verwirklichung findet. Eine Aufzählung kann, sollte man glauben, eben immer nur die specifisch-politischen Delicte, nicht auch die relativ-politischen Delicte, welche dem Schlusssatze zufolge doch auch wenigstens zum Theile mit aufgenommen werden sollten, enthalten. Sehen wir daher, wie die Commission diese Schwierigkeit behebt!

Art. 11 lautet in seinem auf die politischen Delicte bezüglichen 2. und 3. Absatze:

„Nach denselben Grundsätzen unterliegen der Auslieferung, wenn auch in dieser Beziehung von Seiten der die Auslieferung verlangenden Macht Gegenseitigkeit besteht:

1) Ausländer, welche ein, wenn auch durch politische Beweggründe hervorgerufenes, oder ein zugleich mit einem politischen Verbrechen oder Vergehen oder in Veranlassung eines solchen verübtes Verbrechen oder Vergehen begangen haben;

2) Ausländer, welche eines Angriffes auf das Leben oder die Gesundheit eines fremden Staatsoberhauptes angeklagt werden.

Der Auslieferung unterliegen nicht Ausländer, welche ein politisches, gegen einen fremden Staat gerichtetes und einem der in den Artikeln....[1]) dieses Gesetzbuches vorgesehenen entsprechendes Verbrechen oder Vergehen begangen haben."

Die entscheidende Stelle dieses Gesetzes ist die unter No. 1. Mögen in dem Schlussabsatze noch so viele Artikel des besonderen Theiles citirt werden, mag in demselben nicht blos auf Hochverrath und die Verbrechen und Vergehen wider die öffentliche Ordnung, sondern etwa auch auf Aufstand und Widersetzlichkeit hingewiesen werden, immer tritt, sobald mit einem politischen Delicte ein gemeines concurrirt, die No. 1 und mit ihr die Gewährung der Auslieferung in Wirksamkeit.[2]) Es würde dadurch das Asylrecht auf ein Maass reducirt, welches die Commission selbst, wenn man nach den liberalen Phrasen der Motive urtheilen dürfte, als völlig unzureichend erkannte, und welches selbst hinter den Vorschlägen Bernard's und Weiss' und hinter dem österreichisch-spanischen Vertrage dadurch zurückbleibt, dass die Gewährung der Auslieferung nicht an die Bedingung geknüpft ist, dass der requirirende Staat sich verpflichte, den Ausgelieferten nur wegen des in dem zusammengesetzten Thatbestande enthaltenen gemeinen, nicht aber auch wegen des specifisch politischen Delictes zu verfolgen. Da wohl kaum irgend ein anderer Staat Reciprocität für so weitgehende Bestimmungen gewähren

---

[1]) Die Citirung der betreffenden Artikel musste vorläufig unterbleiben, weil der Entwurf bisher den besonderen Theil des Strafgesetzbuches noch nicht umfasst. In erster Linie sind jedenfalls die sog. Delicte gegen befreundete Staaten gemeint, wegen welcher Ausländer nur strafbar sein sollen, wenn sie dieselben im Inlande verübt haben. Vgl. Erläuterungen zum Entwurfe S. 45, oben S. 25 und meinen dort citirten Aufsatz in den „Juristischen Blättern".

[2]) Dies scheint mir Geyer, Zeitschr. f. Strafrechtswissenschaft 1883 III. 632 ff. übersehen zu haben.

dürfte, werden dieselben aber auch in Russland nicht zur Ausführung gelangen.

Selbstverständlich ist es auch, dass nach dem Rechte des Entwurfes gar kein Platz für die Oxforderthesen des Institut bleibt und es zeigt sich auch in diesem Punkte der Widerspruch zwischen dem Entwurfe, welcher derselben mit keiner Silbe erwähnt, und den Motiven, welche ausdrücklich (S. 56 a. E.) auf sie hinweisen.

X.
Resultate.

Vermögen all' die angeführten Formeln den Anforderungen der praktischen Rechtsverwirklichung nicht zu entsprechen,[1]) so bleibt nichts übrig, als in der Terminologie des Strafrechtes jene Thaten aufzuzählen, welche unter allen Umständen von der modernen Sittlichkeit reprobirt werden, so dass sie durch keinen, noch so edlen und bewundernswerthen politischen Zweck und durch keinen Zusammenhang mit grossen historischen Actionen gerechtfertigt oder auch nur entschuldigt werden können. Als solche Thaten stellen sich zweifellos diejenigen dar, welche unter den strafrechtlichen Begriff des Meuchelmordes, des (den Begriff der Tödtung durch empoisonnement in sich schliessenden) assassinat commis de guet apens (vgl. C. pénal français Art. 298) fallen. Meuchelmord, Versuch desselben und Mitschuld an ihm sind somit Delicte, welche, selbst wenn sie im einzelnen Falle als relativ politische Delicte erscheinen, ihren Urheber der Auslieferung unterwerfen. Der Meuchelmörder ist des Asyles unwürdig. Dasselbe kann nicht von jedem, der sonst einen vorbedachten Mord, ein assassinat im Sinne des Art. 296

---

[1]) Es wäre überflüssig, auch noch auf die vom Institut abgelehnten, das Asylrecht nahezu illusorisch machenden Formeln Bulmerincq's und Saripolos', sowie auf die, eine entgegengesetzte Tendenz nach ungebührlicher Erweiterung desselben verfolgende (und in ihrer Forderung nach limitativer Aufzählung der die Auslieferung zulassenden délits complexes und délits de droit commun connexes à un délit politique unausführbare) Formel Montluc's des Einzelnen einzugehen. Vgl. Annuaire III et IV, p. 295 und V. p. 83 f.

C. p., etwa in einem offenen Rencontre, verübt hat, gesagt werden.[1]) Es würden sonst Thaten, welche der Tödtung im Duelle ganz nahe stehen, als Voraussetzungen der Auslieferung anerkannt. Auch kann es sein, dass eine Tödtung im Gefechte, in der Schlacht alle Merkmale des Mordes — des blos durch préméditation, nicht auch gleichzeitig durch guet-apens — qualificirten assassinat in sich verwirklicht. So, wenn ein Combattant aus individuellen Motiven es auf die Tödtung eines bestimmten einzelnen Combattanten der feindlichen Macht, oder etwa auf die des Führers der Feinde anlegt. So liesse sich die Behauptung vertreten, die That jenes ausgezeichneten französischen Schützen, der am Tage von Trafalgar Nelson an Bord der Victory aufs Korn nahm und ihn tödtete, sei assassinat gewesen. Aber Meuchelmord war diese Tödtung, da sie in der Schlacht erfolgte, ebensowenig wie die Tödtung Gustav Adolf's bei Lützen.

Ausser Meuchelmord gibt es noch verschiedene andere Missethaten, welche, mögen sie auch zum Zwecke des Sturzes einer von dem Asylstaate missbilligten Regierung verübt worden sein, ihren Urheber des Asylrechtes unwürdig erscheinen lassen. Insbesondere werden Diebstähle, Urkundenfälschungen, Brandstiftungen und Zerstörungen durch Explosion hieher zu rechnen sein. Aber leider fehlt es an einem Begriffe und an einem Namen, welcher, ebenso wie dies mit dem Begriffe und Namen „Meuchelmord" der Fall ist, geeignet wäre, die Thaten, welche

---

[1]) Vgl. auch Deloume, Principes généraux du droit international en matière criminelle 1882, p. 147 und 158, welcher verlangt, es möge dem Art. 3 des Entwurfes Dufaure die Clausel beigefügt werden „L'assassinat et la tentative d'assassinat resteront sujets à l'extradition, quelle que soit la qualité politique des personnes contre lesquelles ils seront dirigés". Mit Rücksicht darauf, dass Deloume den Begriff des assassinat offenbar im vollen Umfange des Art. 296 C. p. versteht, scheint mir diese Fassung zu weit zu gehen. Ebenso geht v. Liszt nach einer Richtung zu weit, wenn er in seinem citirten Gutachten f. d. deutschen Juristentag (Ztschr. f. Strafrechtswissenschaft II. 70) Auslieferung wegen jeder vorsätzlichen Tödtung eines Staatsoberhauptes oder eines Ministerpräsidenten fordert, während er anderseits hinter dem Maasse des Erforderlichen zurückbleibt, indem er den obligatorischen Charakter der Auslieferung wegen politischen Mordes auf den Fall der Ermordung einer der genannten Personen beschränkt.

unser Gewissen, selbst wenn sie im Laufe eines Bürgerkrieges oder eines Aufstandes verübt werden, ein für allemal und unterschiedslos verurtheilt, von jenen zu sondern, welche man unter Umständen für zulässige Kampfesmittel in einem Bürgerkriege halten kann. Uebrigens ist wenigstens hinsichtlich der beiden letztgenannten Delicte das Bedürfnis, die Zulässigkeit der Auslieferung wegen derselben ausdrücklich auszusprechen, kein flagrantes. Denn nahezu in allen Fällen, in welchen eine solche That ihren Urheber des Asylrechtes unwürdig macht, wird sie gleichzeitig mindestens den Versuch eines Meuchelmordes in sich schliessen. So war dies der Fall bei den Versuchen, den Winterpalast in St. Petersburg, den Eisenbahnzug Napoleons III. auf der Liller Bahn oder den Alexander's II. auf der Bahn Moskau-Kursk in die Luft zu sprengen. In diesen Fällen lag den Urhebern versuchter Meuchelmord zur Last. Hartmann hätte also, wenn er wirklich an dem Attentate auf der Bahn Moskau-Kursk betheiligt war, von einem Staate, der die hier vorgeschlagene Beschränkung des Asylrechtes adoptirt hätte, ausgeliefert werden müssen. Und ebenso wäre dies das Los Jacquin's gewesen. Deshalb glaube ich, dass es genügen dürfte, sich im Wesentlichen der 5. Resolution des englischen Select Committee von 1868 anzuschliessen: That it shall be required, that every such arrangement (for the extradition of criminals) should expressly except from the liability to Extradition such persons as are accused of crimes which are deemed, by the party to the arrangement, of whom the surrender is demanded, to be of a political character: provided that any person accused of a crime, which is deemed, by the party to the arrangement, of whom the surrender is demanded, to constitute assassination or an attempt to assassinate, shall not be included in this exception. An dieser Formel scheint mir nur Eines auszusetzen, dass es unklar bleibt, was unter dem der englischen Rechtssprache fremden Terminus „assassination" zu verstehen sei, ob jedes „meurtre commis avec préméditation" im Sinne des C. p. und seiner Nachbildungen oder nur der Meuchelmord, das „meurtre commis de guet-apens"? Doch deuten einzelne Stellen in der Befragung des Mr. Treitt von

Seite der Mitglieder des Comité darauf hin, dass denselben ebenfalls der engere Begriff vorschwebte.

Diese Clausel müsste aber noch durch einen Zusatz ergänzt werden, dass die Auslieferung nur dann stattfinde, wenn der requirirende Staat sich verpflichtet, das betreffende Individuum nur wegen Mordes bez. Mordversuchs oder einer nach dem Rechte beider in Frage stehender Staaten strafbaren Art der Mitschuld[1]) (nicht etwa wegen Hochverrathes) und nur vor den ordentlichen Gerichten[2]) (nicht vor einem Ausnahmsgerichte) zu verfolgen.

Eine Norm dieser Art, dass Meuchelmord unter allen Umständen zur Auslieferung verpflichte, soferne nur die allgemeinen Bedingungen einer Auslieferung vorliegen, könnten alle Staaten in ihr Recht aufnehmen, mögen sie sich selbst was immer für eine Regierungsform gegeben haben, mag ihre Bevölkerung mit gewissen revolutionären Bestrebungen in einigen fremden Staaten noch so sehr sympathisiren und mag die Regierung, gegen welche diese revolutionären Bestrebungen sich richten, in der That des auch nur indirecten Schutzes von Seite fremder Staaten noch so unwürdig sein.[3]) Den Meuchelmörder können und müssen alle Staaten ächten, mag was immer für ein Motiv ihn geleitet, was immer für ein Zweck ihn bestimmt haben. Für jede weitergehende Norm zur Einschränkung des politischen Asylrechtes aber dürfte es unmöglich sein, den Nachweis zu erbringen, dass sie nicht auch in Fällen, wo nach dem modernen Rechtsbewusstsein Asyl gewährt werden soll, zur Auslieferung verpflichten würde. Deshalb dürfte für eine weitergehende Norm auch der zu ihrer Wirksamkeit erforderliche consensus gentium nicht zu erlangen sein.

---

[1]) Also z. B. nicht wegen Complottes, wegen Nichtverhinderung des Verbrechens, wegen unterlassener Denunciation des bevorstehenden Verbrechens, wenn diese Formen der Mitschuld nach dem Rechte des requirirten Staates nicht strafbar sind.

[2]) Vgl. auch die XV. These des Oxforder Congresses (Annuaire V. p. 129) und oben S. 78.

[3]) Vgl. auch v. Holtzendorff Die Auslieferung der Verbrecher und das Asylrecht. 1881. S. 56.

Zum Schlusse müssen wir uns nochmals der oben in Kapitel 2 bereits besprochenen Frage zuwenden, ob und inwiefern die Verfolgung und Bestrafung dessen, der im Auslande gegen das Ausland ein politisches Delict verübte, in dem Staate seiner Zuflucht zulässig sei?

Zwar haben einige Lehrer des Völkerrechtes[1]) und, ihnen folgend, einige criminalistische Schriftsteller[2]) den Vorschlag gemacht, die Verfolgung und Bestrafung im Inlande in diesem Falle an Stelle der Auslieferung eintreten zu lassen.

Aber dieser Vorschlag hat wenig Anklang gefunden. Derselbe wäre nur dann annehmbar, wenn der Auslieferung wegen politischer Delicte gar kein anderes Bedenken als das der Befangenheit der Gerichte des angegriffenen Staates entgegenstünde. Wir haben aber oben gesehen, dass dies nur eines der untergeordneteren Bedenken gegen die Auslieferung ist, dass der Hauptgrund, weshalb die Auslieferung nicht gewährt werden kann, darin liegt, dass dieselbe den requirirten Staat nöthigen würde, ein Urtheil über die inneren Zustände des requirirenden Staates abzugeben, dass sie eine Verletzung des Principes der Nichtintervention in dessen innere Angelegenheiten wäre.[3]) Nun ist es offenbar, dass diese Verletzung noch eclatanter hervorträte, wenn der Staat, in welchen ein politischer Verbrecher sich flüchtet, das definitive Urtheil über denselben durch seine Behörden fällen liesse, als wenn er diesen nur die Entscheidung über die Vorfrage aufträgt, ob eine Auslieferung an den requirirenden Staat erfolgen könne. Als ein Curiosum mag hier auch noch des Vorschlages Pfenningers gedacht werden, für den Fall der relativpolitischen Delicte, „anerkannte Fremdlinge" d. h. wohl im Inlande wohnhafte Mitbürger des requirirten Ausländers „im Gedanken einer jury de medietate linguae zum Entscheide darüber heranzuziehen, ob ein politisches oder ein gemeines Verbrechen vorliege" (a. a. O. S. 102). Sonderbarerweise hat dieser Vor-

---

[1]) Danewski auf dem Oxforder Congresse des Institut, Annuaire V. 116.
[2]) Schönemann in Goltdammers Archiv. 1881. S. 44.
[3]) Vgl. auch v. Bar, Ueber die internationale Anwendung des Strafgesetzes in den (Wiener) Juristischen Blättern. 1876. S. 173.

schlag Pfennigers mit den Bestimmungen eines russisch-polnischen Vertrages von 1672 (vgl. über diesen Bernard I. p. 276) eine gewisse Aehnlichkeit.

Während die Bedenken, welche der subsidiären Bestrafung der Ausländer wegen im Auslande verübter politischer Delicte gegen das Ausland entgegenstehen, so einleuchtend sind, dass dieser Vorschlag, so oft er auch gemacht wurde, niemals auch nur die geringste Aussicht auf Verwirklichung gehabt hätte,[1]) ist die Frage nach der Verfolgung der Inländer wegen solcher Verbrechen für den Fall ihrer Rückkehr in ihre Heimat eine ernste und praktische.

Nach den Gesetzgebungen jener Staaten, welche, dem activen Personalitätsprincipe des internationalen Strafrechtes folgend, ihre Unterthanen wegen aller von ihnen im Auslande begangenen Handlungen, soferne diese nur den Charakter von Verbrechen nach inländischem Strafrecht an sich tragen, dem Strafrechte des Inlandes unterwerfen,[2]) würde der Inländer auch wegen solcher

---

[1]) Nur der österr. St. G. Entw. scheint einen Anlauf in dieser Richtung zu nehmen. Eine unscheinbare Abweichung desselben von den Satzungen des geltenden österr. Strafrechtes §. 39, eine Textirung, für welche sich m. W. keine Parallelstelle in einer anderen Gesetzgebung findet, kann nämlich in einer Weise interpretirt werden, dass sie eine tief greifende Neuerung in der Behandlung politischer Delicte gegen das Ausland zur Folge hat. §. 4, No. 3 gestattet die Verfolgung wegen eines im Auslande verübten Verbrechens, „wenn die Auslieferung des Schuldigen (Ausländers) an die Behörden des Thatortes oder an jene seines Heimatlandes zur Untersuchung und Bestrafung entweder nicht zulässig oder nicht ausführbar ist und der Justizminister die Einleitung der strafgerichtlichen Verfolgung anzuordnen findet". Es entsteht in Folge dieser Textirung die äusserst wichtige Frage: Kann ein Ausländer im Inlande auch dann verfolgt werden, wenn seine Auslieferung nur aus dem Grunde nicht zulässig ist, weil die ihm zur Last fallende That im Sinne des Auslieferungsvertrages ein politisches Delict constituirt?

[2]) Oesterr. St. G. B. §. 36, österr. St. G. Entw. §. 4, No. 2; deutsches R. St. G. B. §. 4, No. 3; französisches Gesetz vom 27. Juni 1866, Art. 5; portugies. Gesetz vom 1. Juli 1867, Art. 1, No. 4; ungarisches St. G. B. §. 8 und 11; Vgl. Cod. pén. Sardo, Art. 6; dänisches St. G. B. §. 6; schwed. St. G. B. Kap. 1, §. 1; russisches St. G. B. von 1866, Art. 174; niederländ. St. G. B. Art. 5, No. 2. Die Frage nach der Berechtigung des activen Nationalitäts- oder Personalitätsprincipes muss einer eingehenden Prüfung an einem anderen Orte vorbehalten bleiben.

Thaten, wegen welcher ein Ausländer nicht ausgeliefert werden könnte, bestraft werden müssen oder doch bestraft werden können. Selbst wenn, wie nach portugiesischem, ungarischem, niederländischem und wohl auch deutschem Rechte es eine Voraussetzung für die Möglichkeit der Verfolgung im Inlande ist, dass die That nicht blos nach dem Rechte des Inlandes, sondern auch nach dem des Thatortes mit Strafe bedroht ist (s. oben S. 21, ff.), liegt hierin keine Milderung des Loses des Angeklagten; denn, da er die betreffende That in aller Regel in eben jenem Staat verübt haben wird, gegen welchen sie gerichtet ist, wird sie nach dortigem Rechte gewiss strafbar sein.

Der Inländer wäre also strafbar: 1. wegen der im Auslande verübten relativ-politischen Delicte, und zwar so, dass ihm diese als gemeine Delicte zur Last fallen[1]) und 2., insoweit als das Recht seines Heimatstaates auch die specielle politische Organisation des von ihm angegriffenen fremden Staates unter den Schutz seines Strafgesetzes stellt (insoweit also in dem Strafrechte seiner Heimat die in der Abhandlung: Ueber politische Verbrechen gegen fremde Staaten (Ztschr. III. S. 391, ff.) vertretenen Anforderungen verwirklicht sind) auch wegen specifisch politischer Delicte. Im letzteren Falle ist dies unter allen Umständen, im ersteren wenigstens insoferne, als ihn Strafe trifft, obwohl der Ausländer wegen einer gleichen That nicht ausgeliefert würde, eine Inconsequenz und, was schlimmer ist, eine Ungerechtigkeit. Gewiss könnte man doch noch eher von dem Ausländer, der sich gegen die Institutionen seines eigenen Heimatsstaates aufgelehnt hat, behaupten, dass er wegen dieser Auflehnung bei uns strafbar sei, als von einem Inländer, dem jene Institutionen des Auslandes, die er im Auslande angegriffen hat, fremd sind. Ist ja der Fremde doch nur in einem übertragenen Sinne Subject eines Hochverrathes![2]) Es erscheint mir daher als eine unabweisbare Forderung der Gerechtigkeit, dass jene Gesetzgebungen, welche den Inländer

---

[1]) Vgl. auch Goos l. c. II. p. 98, Anm. und p. 124.
[2]) Vgl. Haus, Principes généraux du droit pénal belge, No. 198 u. 202, aber auch Heinze in Goltdammers Archiv 17. Bd., S. 745, J. U. Wirth, System der speculativen Ethik (1841) II. 357 und v. Mohl a. a. O. S. 717.

wegen seines Verhaltens im Auslande nach seiner Heimkehr zur Rechenschaft ziehen, dem betreffenden Satze ihres Gesetzes die Beschränkung hinzufügen „mit Ausnahme jener Thaten, wegen welcher ein Ausländer nicht ausgeliefert werden kann", wie dies nach den Entwürfen für ein italienisches St. G. B. Art. 8 §. 1 No. 2 und auch nach dem luxemburgischen Gesetze vom 18. Jänner 1879, Art. II. a. E. der Fall ist.[1])

Dem Wesen nach kommt auch die Bestimmung des belgischen Gesetzes vom 17. April 1878, Art. 8 zu demselben Resultate, indem ein Belgier wegen eines im Auslande gegen einen Fremden verübten crime oder délit nach seiner Heimkehr nur dann bestraft werden kann, wenn dieses Verbrechen oder Vergehen im Auslieferungsgesetze vorgesehen ist. Diese Bedingung ist gewiss nicht so zu verstehen, dass es genügen würde, wenn die betreffende That nach Einer ihrer Qualitäten, z. B. als attentat à la liberté individuelle ou à l'inviolabilité du domicile im Vertrage aufgezählt ist, während sie anderseits wegen ihres politischen Charakters im concreten Falle als Substrat eines Auslieferungsbegehrens nicht dienen könnte.

Nach dem Rechte aller anderen Staaten fehlt eine besondere Satzung für Fälle dieser Art.

Nur Eines müsste schon heute überall berücksichtigt werden obwohl es nur zu leicht übersehen wird. Insoferne das Gesetz des Inlandes einen Widerstand, welcher ausländischen Behörden geleistet worden wäre, nicht an und für sich für strafbar erklärt,[2]) folgt daraus, dass dem Angeklagten, welcher sich im Sinne der Ausführungen auf S. 86 (oben) zur Entschuldigung der ihm in einem Bürgerkriege oder einem Aufstande im Auslande

---

[1]) L. Renault in den Bulletins de la Société de législation comparée 1880, p. 393. Ich selbst vermochte mir das luxemburgische Gesetz nicht zu verschaffen.

[2]) Inwieferne dies nach österreichischem und deutschem Recht der Fall, zu erörtern, muss einem anderen Capitel des Internat. Strafrechtes vorbehalten bleiben. Einstweilen erlaube ich mir insbesondere auf die Monographie von Reinhold Schultz, der Widerstand gegen die auswärtige Staatsgewalt 1881 hinzuweisen.

zur Last fallenden Gewaltthaten auf Nothstand oder Nothwehr berufen würde, diese Berufung nicht ebenso von vornherein abgeschnitten werden darf, wie dies gegenüber demjenigen Rechtens ist, der diese Strafausschliessungsgründe hinsichtlich seiner Theilnahme an einem Aufstande im Inlande plaidiren würde.[1])

Die Forderung, dass Inländer und Ausländer auch in diesem Punkte völlig gleichgestellt werden, dass eine Verfolgung des Inländers im Inlande nur wegen solcher gegen das Ausland[2]) verübter politischer Delicte zugelassen werde, wegen welcher ein Ausländer ausgeliefert werden könnte, scheint mir die äusserste zu sein, welche als Consequenz des heutigen Culturzustandes

---

[1]) Als in Oesterreich das Mitglied der Pariser Commune Leo Frankl unter dem Verdachte der Theilnahme an der Füsilirung der Dominikaner in Arceuil und an der Inbrandsetzung der Gobelinfabrik verhaftet wurde, scheint es in den verschiedenen Instanzen, die das Begehren der französischen Regierung um Auslieferung desselben durchlief, nicht zweifelhaft gewesen zu sein, dass, wenn Frankl ein Angehöriger der cisleithanischen Reichshälfte wäre, er in dieser wegen Mordes und Brandstiftung hätte verfolgt werden müssen. Da er aber Ungar war, musste, entgegen dem Antrage des Oberstaatsanwaltes am Wiener Oberlandesgerichte, welcher dessen Verfolgung im Inlande verlangt hatte, seine Auslieferung an Ungarn erfolgen. Würde er in Oesterreich verfolgt worden sein, so hätten die österr. Gerichte m. E. einen nachweisbaren thatsächlichen Nothstand des Angeklagten als Strafausschliessungsgrund gelten lassen müssen. Ein solcher Nothstand wäre vorgelegen, wenn der Nachweis erbracht worden wäre, dass der Angeklagte zu der incriminirten Thätigkeit von Jemandem commandirt war, der die faktische Gewalt hatte, ihn wegen Insubordination erschiessen zu lassen, ein Nachweis, der allerdings, namentlich vor den Gerichten eines anderen Staates, schwer zu erbringen sein dürfte.

Ganz unrichtig ist, wie aus dem Vorhergehenden sich ergibt, die Behauptung von Weiss, Etude sur les conditions de l'extradition Paris 1880, p. 194, dass die österreichische Regierung Frankl's Auslieferung verweigert habe, weil das ihm zur Last fallende Delict ein fait connexe à un crime politique constituirte. Die Frage nach dem politischen Charakter der That konnte gar nicht in Erörterung gezogen werden, weil Frankl nicht Ausländer im vollen Sinne des Wortes und somit gar kein Subject der Auslieferung an Frankreich war.

[2]) Es ist selbstverständlich, dass die Frage, ob ein Staat berechtigt und veranlasst sei, Inländer wegen im Auslande verübter hochverrätherischer Unternehmungen gegen das Inland nach ihrer Rückkehr in die Heimat zu verfolgen, nach ganz anderen Grundsätzen zu beantworten ist. Auf dieses Recht wird kein Staat verzichten können, will er sich nicht selbst aufgeben.

gezogen werden kann. Wie die Entwickelung von diesem Punkte aus weiter fortschreiten wird, wer vermöchte dies zu ahnen? Wird das Rechtsbewusstsein folgender Jahrhunderte den Satz, dass Gewaltthaten unter Umständen durch ihren Zweck entschuldigt werden, auf ein noch engeres Anwendungsgebiet einschränken oder wird es, unsere heutige Richtung als eine „sentimentale" verurtheilend, ihm wieder einen grösseren Spielraum gewähren? Wird, um in der Sprache des grossen Rechtsphilosophen[3]) zu sprechen, für die Rechtsbildung der Zukunft die utilitarische Richtung die herrschende sein oder die „asketische"? Jeder beantwortet für sich diese Fragen nach der Zukunft in dem Sinne, in welchem er die Vergangenheit versteht. Das Streben der Rechtsphilosophie, eine Antwort auf sie zu geben, welche Allen verständlich wäre und Alle befriedigen würde, scheint mir ein vergebliches.

[1]) Bentham, Principles of legislation, Introduction.

Buchdruckerei Julius Klinkhardt, Leipzig.

AUG 4 1884

JAN 20 1891

JAN 16 01